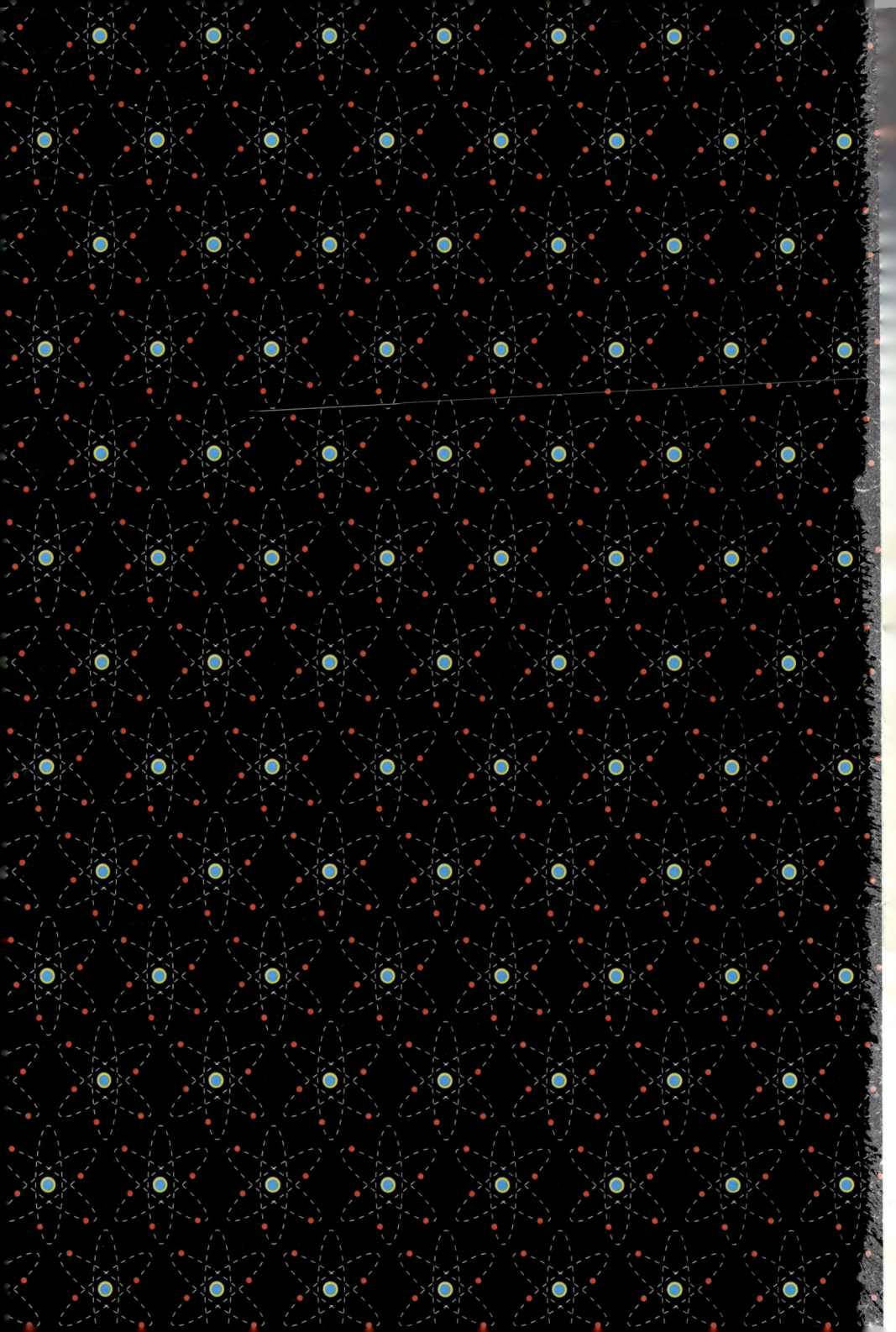

BIOGRAPHIC
EINSTEIN

爱因斯坦传

[英] 布莱恩·克莱格 著

蒋艳 译

重庆大学出版社

爱因斯坦传

［英］布莱恩·克莱格　著

蒋艳　译

**BIOGRAPHIC
EINSTEIN**

by Brian Clegg

图书在版编目（CIP）数据

爱因斯坦传 /（英）布莱恩·克莱格（Brian Clegg）
著；蒋艳译 . -- 重庆：重庆大学出版社，2021.1
（50 个标签致敬大师丛书）
书名原文：Biographic：Einstein
ISBN 978-7-5689-2382-8

Ⅰ . ①爱… Ⅱ . ①布… ②蒋… Ⅲ . ①爱因斯坦（
Einstein, Albert 1879-1955) —传记 Ⅳ . ① K837.126.11

中国版本图书馆 CIP 数据核字 (2020) 第 161906 号

版贸核渝字（2019）第 138 号

Text © Brian Clegg，2018，Copyright in the Work © GMC
Publications Ltd, 2018

This translation of Biographic Einstein is published by
arrangement with Ammonite Press an imprint of GMC
Publications Ltd.

策划编辑：张菱芷

责任编辑：张菱芷　　　　装帧设计：琢字文化

责任校对：李定群　　　　责任印制：赵　晟

*

重庆大学出版社出版发行

出版人：饶帮华

社址：重庆市沙坪坝区大学城西路 21 号

邮编：401331

电话：（023）88617190 88617185（中小学）

传真：（023）88617186 88617166

网址：http://www.cqup.com.cn

邮箱：fxk@cqup.com.cn（营销中心）

全国新华书店经销

重庆新金雅迪艺术印刷有限公司印刷

*

开本：880mm×1240mm　1/32　印张：3　字数：155 千

2021 年 1 月第 1 版　2021 年 1 月第 1 次印刷

ISBN 978-7-5689-2382-8　定价：48.00 元

目录

标志性

当我们可以通过一系列标志性图像辨
识出一位科学家时，我们就能意识到，
这位科学家和他的理论对我们的文化
和思想产生了多么深刻的影响。

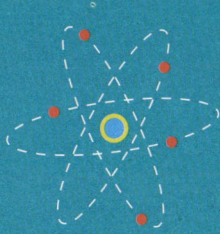

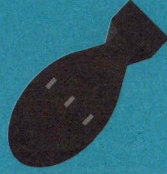

介绍

历史上从来没有哪位科学家能像阿尔伯特·爱因斯坦（Albert Einstein）那样去俘获人们的想象力。他夸张的白发造型让人们的脑海中立即浮现出一位极具幽默感的伟大思想家的形象。即便在巨匠汇集的科学名人堂，他的杰出地位仍然无人能撼。很少有人能如他一般，为奠定某类科学领域的基础做出如此巨大的贡献。现代物理学的两大基石是相对论和量子理论，而这两者的发展都离不开爱因斯坦。

也许爱因斯坦最大的特点便是他敢于对抗权威。15 岁时，他被学校开除。此后不久，当大多数同龄人还只懂操心自己的学业和人际关系时，他却在想尽办法放弃自己的德国国籍。爱因斯坦是一名终身和平主义者，而德国政府要求其服兵役一年，为此他感到震惊不已。

"我从不去想未来，因为未来已来得够快。"

—— 阿尔伯特·爱因斯坦
1930 年 12 月

爱因斯坦只愿意听自己感兴趣的课程，因此即便勉强拿到学位，他也未能获得留校任教的资格，于是他在瑞士专利局当了七年的审查员。换作别人，这似乎意味着科研事业已经终结，而爱因斯坦却于 1905 年，即在专利局工作期间，发表了他的博士论文和另外四篇举世瞩目的论文。其一，确立原子和分子的存在；其二，奠定量子理论的基础（后来为他赢得了诺贝尔奖）；其三，将世界带入狭义相对论时代；其四，提出著名公式 $E=mc^2$。

一方面，这一系列卓尔不凡的成就自然而然地为他赢得了在大学任教的职位，然而爱因斯坦却一直不算是那种特别热情的老师。另一方面，在 1907 年至 1915 年的八年间，他将研究成果汇总集合，孕育出了后来的旷世杰作。其中，广义相对论阐述了物质如何影响空间和时间，以及空间和时间反过来如何影响物质的移动方式。简单来说，广义相对论解释了引力的存在，但其实它揭示了更多的奥秘——从预测黑洞的存在到构建宇宙的历史。

"这个世界最不可理解的就是，它竟然是可以理解的。"

——阿尔伯特·爱因斯坦
《阿尔伯特·爱因斯坦：创造者和叛逆者》
（*Albert Einstein: Creator and Rebel*），1972 年

此时，爱因斯坦与他第一任妻子米列娃（Mileva）的婚姻走到尽头。他们当年在大学里相遇，两人是物理专业的同班同学，相识之初也曾浓情蜜意。夫妇二人共有三个孩子：老大莉泽尔（Lieserl），她可能在出生时就被人收养，因为人们无法找到关于她的任何后续记录。而另外两个孩子，汉斯·阿尔伯特（Hans Albert）和爱德华（Eduard）是在爱因斯坦找到第一份工作后出生的。随着爱因斯坦的事业逐渐有了起色，孩子们待在米列娃身边的时间越来越多。1919 年，米列娃同意离婚，条件是只要爱因斯坦获得诺贝尔奖，就得将奖金悉数奉上。

上述一切发生之时，爱因斯坦看起来还与其标志性形象相差甚远——那时，他是一个有着黑色短发、外表俊朗潇洒的年轻人。随后，与表姐艾尔莎（Elsa）的第二次婚姻开启了他人生的另一阶段。这一时期，那个人们熟悉的"心不在焉的教授"形象逐渐形成。为逃离纳粹政权，爱因斯坦于 1933 年移居美国，至此，这一阶段性转变宣告完成。但我们始终需要牢记，所有的荣誉都属于那个潇洒的年轻人，而非后来年长的政治家。

"如果 A 代表一个人的成功，那么 A=X+Y+Z 。X 是勤奋工作，Y 是尽情玩耍，而 Z 则是少说废话。"

——阿尔伯特·爱因斯坦
《观察者》（*The Observer*），1950 年

01

生活

"科学试图让我们头脑中一大堆杂乱无章的感性经验，符合逻辑上前后一致的思维体系。"

—— 阿尔伯特·爱因斯坦
《晚年文集》（*Out of My Later Years*），1950 年

阿尔伯特·爱因斯坦

1879 年 3 月 14 日，出生于德国南部乌尔姆市（Ulm, Southern Germany）

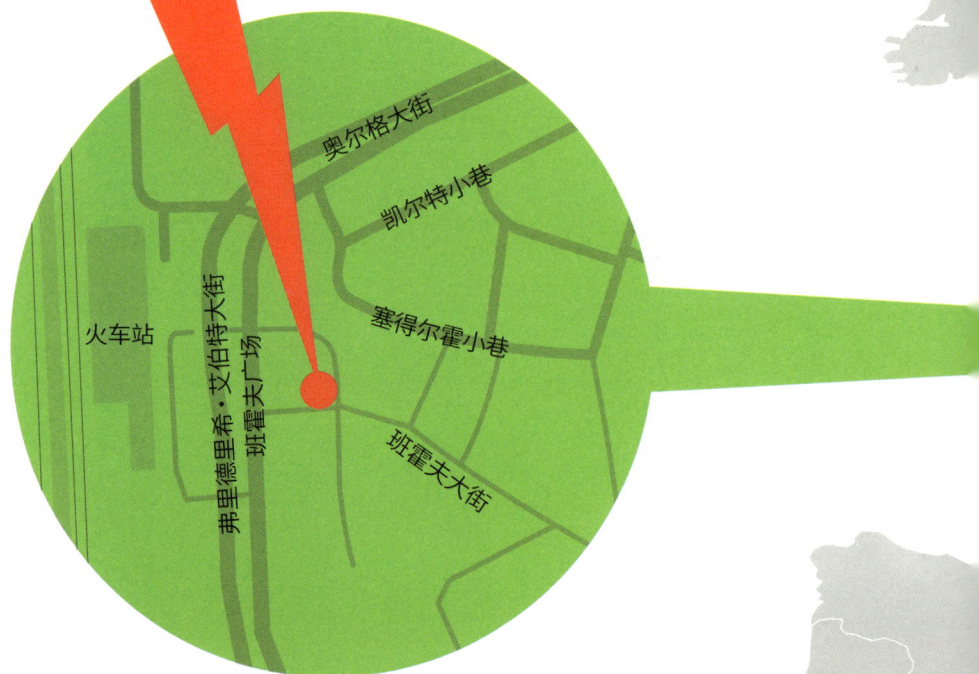

奥尔格大街

凯尔特小巷

塞得尔霍小巷

火车站

弗里德里希·艾伯特大街班霍夫夫广场

班霍夫夫大街

爱因斯坦在乌尔姆一栋公寓楼里出生，而这栋楼在第二次世界大战中被摧毁。乌尔姆位于德国符腾堡州（Württemberg）多瑙河畔，靠近巴伐利亚州（Bavaria）边界。爱因斯坦的父亲赫尔曼（Hermann）及其两个表兄弟在这里一起经营着一家羽绒床店。1880 年，爱因斯坦举家迁往慕尼黑（Munich），赫尔曼与其弟弟雅各布（Jakob）一同创办了一家更大的工厂，主打电子配件生产。虽然爱因斯坦一家都是犹太人，但他们并不信犹太教，随后爱因斯坦还被送到天主教学校学习。

德国

乌尔姆

慕尼黑

出生于乌尔姆的
还有作曲家
尤金·黑尔
(Eugen Haile)
(1873 —1933)

加拿大

发明家桑福德·弗莱明
（Sandford Fleming）
提出全球标准化时区
的概念。

英国

牛津大学（Oxford
University）同意
女性入学，但女性仍然
无法取得学位。

美国

基督教科学会
（The Church of Christ,
Scientist）成立。

美国

托马斯·爱迪生
（Thomas Edison）
向公众展示他发明的
第一个有效灯泡。

1879 年
的世界

直到 1871 年，德国才以联邦形式成为主权国
家，实现统一。由于爱因斯坦所在的南部诸州
一直由北方普鲁士王国统治，因此对统一国家
的概念感受颇浅，而符腾堡仍然觉得自己是一
个独立的邦国，而非迅速发展的德意志帝国
的一个地区。爱因斯坦家族的荣衰主要由赫
尔曼·爱因斯坦商业生涯的成败（坦率地说，
大部分是失败）决定。一家人后来移居德国
南部的一个州，在爱因斯坦十几岁时，他们
又举家迁往意大利，以努力维持生意。

智利

智利为争夺阿塔卡马沙漠
（Atacama Desert）的所有
权而向玻利维亚和秘鲁
宣战。

爱因斯坦传

16

丹麦

亨利克·易卜生
（Henrik Ibsen）
的戏剧《玩偶之家》
（*A Doll's House*）在
哥本哈根（Copenhagen）
首映。

俄国

柴可夫斯基（Tchaikovsky）
的歌剧《叶甫盖尼·奥涅金》
（*Eugene Onegin*）首演。

德国

第一辆电动客
运列车在柏林
贸易博览会
（Berlin Trades
Exposition）
上运行。

保加
利亚

保加利亚国家银行
（Bulgaria National
Bank）成立。

德国

德国化工企业
林德（Linde）
公司成立。

南非

祖鲁战争（Anglo-
Zulu War）爆发。

外婆
杰特·伯恩海默
（Jette Bernheimer）
（1825—1886）

外公
尤利乌斯·德兹巴赫尔
（Julius Dörzbacher）
（1816—1895）

母亲
保玲·科赫
（Pauline Koch）
（1858—1920）

第一任妻子
米列娃·玛丽克
（Mileva Marić）
（1875—1948）

阿尔伯特·爱因斯坦
（Albert Einstein）
（1879—1955）

女儿
莉泽尔·爱因斯坦
（Lieserl Einstein）
（1902—年份不详）

大儿子
汉斯·阿尔伯特·爱因斯坦
（Hans Albert Einstein）
（1904—1973）

小儿子
爱德华·爱因斯坦
（Eduard Einstein）
（1910—1965）

奶奶

海琳·穆斯
（Helene Moos）
（1814—1887）

爷爷

亚伯拉罕·爱因斯坦
（Abraham Einstein）
（1808—1868）

父亲

赫尔曼·爱因斯坦
（Hermann Einstein）
（1847—1902）

妹妹

玛雅·爱因斯坦
（Maja Einstein）
（1881—1951）

第二任妻子

艾尔莎·爱因斯坦
（Elsa Einstein）
（1876—1936）

爱因斯坦一家

爱因斯坦的母亲保玲·科赫出生于符腾堡州首府斯图加特市（Stuttgart）坎斯塔特区（Cannstatt）。他的父亲赫尔曼来自附近一个更小的镇布查（Buchau，被认为是神圣罗马帝国的自由帝国城市之一），但科赫家族［保玲的父亲将姓氏从原来的德兹巴赫尔（Dörzbacher）改为科赫］在两个家族中更富有一些——保玲的父亲是个颇有些地位的自制玉米商，他为赫尔曼的生意提供了资助。爱因斯坦的第二任妻子艾尔莎既是他的大表姐又是二堂姐——因为他们两人的母亲是姐妹，而父亲又是堂兄弟。

童年生活

爱因斯坦童年的家庭生活是幸福的——父母恩爱、兄妹和睦，但他的校园生活却与之形成鲜明对比。上学确实让爱因斯坦变得独立——父母甚至让他从四岁起就自己走路上学，尽管他们最初还是会尾随其后密切观察。但爱因斯坦坚持以自己的方式做事，这也导致师生关系经常处于紧张状态，其中广为人知的便是老师那句"你终将一事无成"的评语。

爱因斯坦进入天主教小学学习。

同年开始学习小提琴演奏。

1879　1880　1881　1882　1883　1884　1885　1886　1887

3 月 14 日，阿尔伯特·爱因斯坦出生于德国乌尔姆家中。

爱因斯坦的妹妹玛丽亚（大家熟知的"玛雅"）出生。

爱因斯坦举家迁往慕尼黑，在那里，他的父亲赫尔曼和叔叔雅各布一起创办了一家公司。

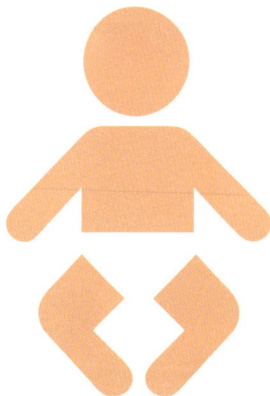

爱因斯坦因病停课数周——其间，父亲送给他一个指南针以打发时间，这让他兴奋不已。

爱因斯坦开始接触莫扎特的音乐，从此，练习小提琴对他而言，从负担变成了享受。

爱因斯坦参加瑞士联邦理工学院（ETH）入学考试，但未能顺利通过。

1888 1889 1890 1891 1892 1893 1894 1895 1896

爱因斯坦全家搬到意大利帕维亚（Pavia）寻找新的商机，而他本人则继续留在慕尼黑读书。

爱因斯坦转学到卢伊特波尔德高中（Luitpold Gymnasium）学习，直至15岁。

随后爱因斯坦辍学（结果被告知他被开除了），并奔赴意大利与家人团聚。

爱因斯坦在瑞士一所学校读了一年书，其间他与校长的女儿坠入爱河，随后宣布放弃德国国籍。

生活

今夜狂欢：
爱因斯坦和相对论高手们

（下列所有参与"今夜"演奏的科学家都在物理学领域取得了杰出成就，
并对相对论的提出、发展和普及做出了巨大贡献。——译者注）

从左到右：
拉小提琴的爱因斯坦、
演奏电子合成器的布
莱 恩·考 克 斯（Brian
Cox）、弹吉他的布莱
恩·梅（Brian May）、
打手鼓的理查德·费曼
（Richard Feynman）
和弹钢琴的马克斯·普
朗 克（Max Planck）。

有一种乐器与爱因斯坦有着千丝万缕的联系——小提琴。
爱因斯坦从来都不是一个实用主义科学家——他的研究设备
是纸和笔，但他的小提琴演奏无疑展示出他的灵活敏捷。爱
因斯坦与小提琴的故事开端并不和谐，当他的母亲（一位
热情的钢琴家）为其聘请第一位小提琴老师时，五岁的爱
因斯坦拒绝拉琴，他愤怒异常，以至于小提琴老师不得不
离开。幸运的是，在找到第二位小提琴老师之后，爱因斯
坦成了一名不错的小提琴手。他曾说自己对演奏的热爱始
于 13 岁时接触到莫扎特的奏鸣曲。此外，他也钟情于钢
琴弹奏。然而，展现出音乐天赋的伟大科学家远不止爱因
斯坦一人 ……

追寻光束

关于爱因斯坦的工作方式，最有趣的事情就是他主要靠"想"来发展自己的理论。他能仅仅靠"想"来进行思考实验从而将理论概念化。1896 年，爱因斯坦就读于瑞士的一所学校，其间约翰·海因里希·裴斯泰洛齐（Johann Heinrich Pestalozzi）引领该校进行教育方针的变革。裴斯泰洛齐以"用脑、用手、用心学习"为校训并鼓励可视化理念的发展，这对爱因斯坦的影响非常大。爱因斯坦在 1955 年的自传《我的自传》（*Autobiographische Skizze*）中回忆道："今年在阿劳（Aarau），我遇到了下面的问题——如果一个人以光速追逐一个光波，那他前方就会出现一个不随时间变化的波场。然而这样的事情似乎并不存在！"这是爱因斯坦的第一个思想实验，为其后来的狭义相对论奠定了基础。随着爱因斯坦事业的推进，他继续运用思想实验来彻底改变现代物理学。

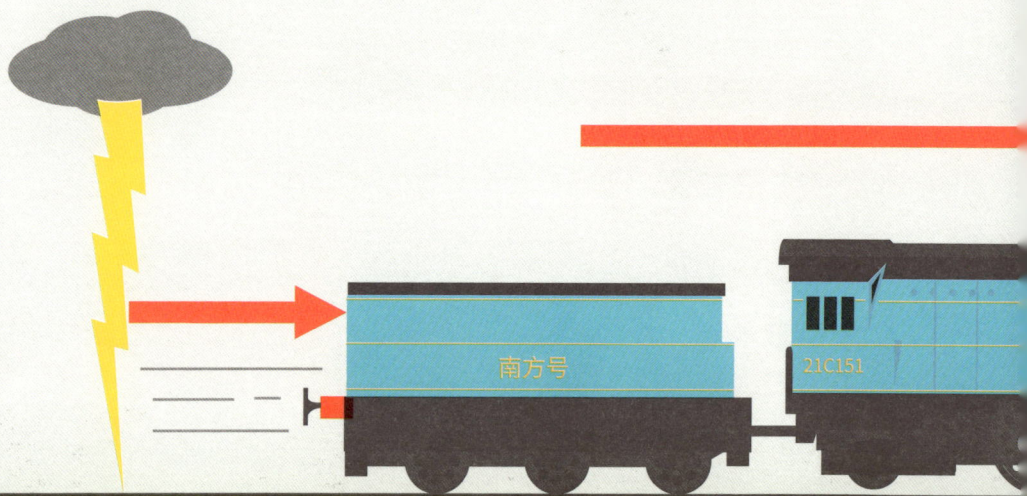

爱因斯坦的火车实验

爱因斯坦早期的思想实验之一便是对同时性概念（假定两个事件同时发生）的研究。根据他的研究，鉴于各自的运动状态，一个观察者所看到的同时发生着的两件事，在另一个观察者看来或许并非如此。

> "想象力比知识更重要，因为知识有限，而想象力囊括世间万物，它推动科学进步，它催生知识进化。严格来说，想象力是科学研究中的真正因素。"

—— 阿尔伯特·爱因斯坦
《宇宙宗教：其他观点及格言》
(*Cosmic Religion: With Other Opinions and Aphorisms*)
1931 年

爱因斯坦快车

在实验中，爱因斯坦设想两道闪电同时击中火车轨道，分别在火车的车头和车尾两端。现在，假设一名乘客坐在火车中部，并且火车以高速向前行驶，那么当闪电到达时，乘客因为先看到车头方向的闪电，会认为闪电先击中车头。然而，如果观察者是站在铁轨旁，位于两道闪电击中位置的中点，则他会认为两道闪电是同时击中车头和车尾。爱因斯坦意识到，处于不同惯性系的人对时间会有不同的感知，这意味着同时性是相对的。

成年时期

爱因斯坦的成年生活经历了两个截然不同的阶段。从在瑞士联邦理工学院（ETH）上大学到永远离开德国，他总是四处辗转。一离开专利局，他便开始在欧洲几个国家的大学里任职，在此期间他完成了那项最杰出的研究（爱因斯坦于 1902 年 6 月到 1909 年 7 月在瑞士专利局工作，《广义相对论》于 1915 年发表。——译者注）。虽然爱因斯坦的第一段婚姻以失败告终，但他很快便与艾尔莎陷入爱河。第二阶段则从他移居美国后开始。尽管爱因斯坦也会四处参加会谈和活动，但他从未离开位于新泽西州普林斯顿（Princeton, New Jersey）的家。尽管爱因斯坦一直工作到生命的尽头，但他此后的科研并未取得进一步的重大突破。

1903

爱因斯坦与米列娃·玛丽克结婚并入职位于伯尔尼的瑞士专利局。

1896

经过再次努力，爱因斯坦进入位于苏黎世的瑞士联邦理工学院（ETH）学习。

1902

爱因斯坦的女儿莉泽尔出生。由于没有关于她的任何记录，人们普遍认为她被人收养或夭折。

1900

爱因斯坦从瑞士联邦理工学院（ETH）毕业，并获得教师资格。

1901

爱因斯坦获得瑞士国籍。

1904

爱因斯坦和米列娃的第一个儿子汉斯·阿尔伯特出生。汉斯后来成为一名工程学教授。

1910

他们的第二个儿子爱德华出生。

1914

爱因斯坦与米列娃分居。米列娃带着两个儿子搬到苏黎世。

1919

分居长达 5 年后，爱因斯坦和米列娃最终离婚。同年，爱因斯坦迎娶艾尔莎·洛文塔尔（Elsa Löwenthal）。

1955

爱因斯坦于普林斯顿医院辞世，死于主动脉瘤。

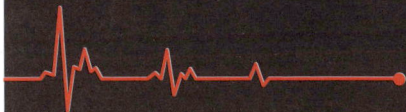

1940

爱因斯坦获得美国国籍。

1936

艾尔莎去世后，爱因斯坦的起居生活由其秘书海伦·杜卡斯（Helen Dukas）来照顾。

1933

爱因斯坦搬到美国，定居在新泽西州普林斯顿。

专利局

伯尔尼

1900 年，爱因斯坦从苏黎世的瑞士联邦理工学院毕业，并开始寻找全职工作。两年后，时运不济的他终于得到 60 英里（约 97 千米）外伯尔尼专利局的"技术专家"一职。对于许多想成为科学家的人来说，没有得到一个学术职位，专利局的工作无异于死路一条。但爱因斯坦却发现这份工作相当轻松，为他的思考和研究留出了时间。其间，爱因斯坦发表了数篇学术论文，并完成了他的博士论文。这项工作还极有可能激发了他对狭义相对论的思考，也就是关于空间和时间是如何相互作用的。在工作中，爱因斯坦处理了几项使用电报让铁路时钟同步的专利，这些专利改变了通信时长。他经常用铁路轨道和同步时钟的例子来阐述相对论。

距离 =60 英里（约 97 千米）

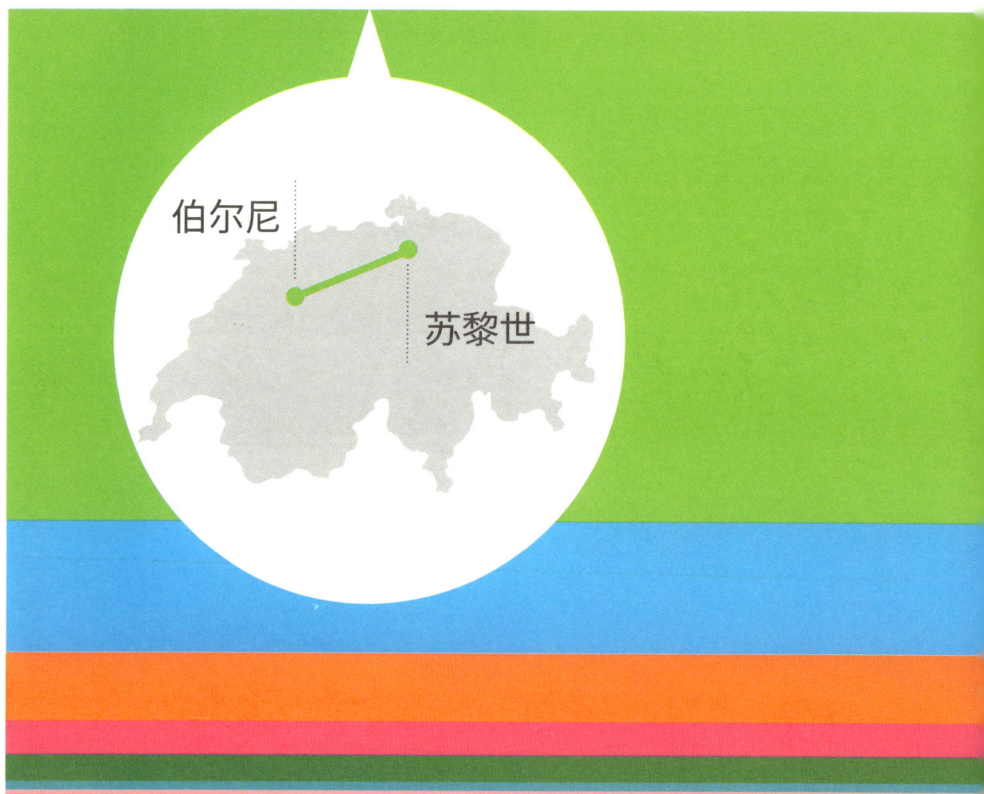

伯尔尼

苏黎世

电报改变了城市之间的通信时长。下图显示了在爱因斯坦毕业的苏黎世和他从事专利工作的伯尔尼之间，使用电报和其他方法传递信息各自的耗时时间。

人类行走
19 小时

信鸽
1.2 小时

客机
6 分钟

马匹快跑
6 小时

高速路上汽车
48 分钟

战斗机
2.3 分钟

马匹飞驰
2.5 小时

高速火车
18 分钟

电报信号
0.0004 秒

苏黎世

时间

生活

终身辗转的物理学家

大多数学者都会随着他们的事业发展而四处搬迁。但在 20 世纪初期，很少有年轻人像爱因斯坦这样不停奔波、四海为家。他与父母一起在意大利短暂居住后发现这里并不适合——他已经放弃德国国籍——看似他会在瑞士定居。然而，当爱因斯坦在学术界小有名气后，他又在欧洲中部的众多国家辗转，最后重返德国定居。但希特勒（Hitler）的上台意味着爱因斯坦不得不再次离开。他考虑过去英国，但最终选择了去美国，因为那里的普林斯顿高等研究院才是理想的学术之家。

- 🔴 德国乌尔姆（1879—1880）
  出生地

- 🔵 德国慕尼黑（1880—1894）
  童年时期

- 🟠 意大利帕维亚（1894—1895）
  初次离开德国的去处

- 🟢 瑞士阿劳（1895—1896）
  中学及初恋

- 🔵 瑞士苏黎世（1896—1902）
  大学

- 🔴 瑞士伯尔尼（1902—1909）
  专利局工作，第一段婚姻，首个教师职位

- 🔵 瑞士苏黎世（1909—1911）
  苏黎世大学副教授

- ⚫ 捷克斯洛伐克布拉格（1911—1912）
  卡尔–费迪南德大学（Karl-Ferdinand University）全职教授

- 🔵 瑞士苏黎世（1912—1914）
  母校 ETH 担任教授

- 🔴 德国柏林（1914—1933）
  广义相对论，收获国际声誉，第二段婚姻

- 🔵 美国纽约（1921）
  首次访美

- 🟡 美国纽约和帕萨迪纳（Pasadena）（1930—1931）
  第二次访美

- 🟢 比利时德哈恩（De Haan）（1933）
  希特勒上台，这里成为远离纳粹德国的避难所

- 🟢 英国伦敦（1933）
  成功说服丘吉尔营救德国的犹太科学家，但未能如愿获得英国国籍

- 🟤 美国普林斯顿（1933—1955）
  普林斯顿高等研究院教授，获得美国国籍

爱因斯坦的大脑

自从大脑被确定为智力中枢以来，人们就一直想知道伟大的思想家是否拥有特别大或特别复杂的大脑。对爱因斯坦进行尸检的病理学家保留了他的大脑（未经家人许可），对其进行拍摄并将其切割成 240 块切片。这些切片被保存在一种叫作火棉胶的塑料状容器里，并浸泡在酒精中。20 多年后，人们在苹果酒盒中的两个罐子里发现了这些切片。虽然有人声称有几个小的奇怪之处，特别是涉及视觉处理的较大区域，但并无更充分的证据表明，爱因斯坦的大脑与普通人的有什么明显区别。

大脑平均质量

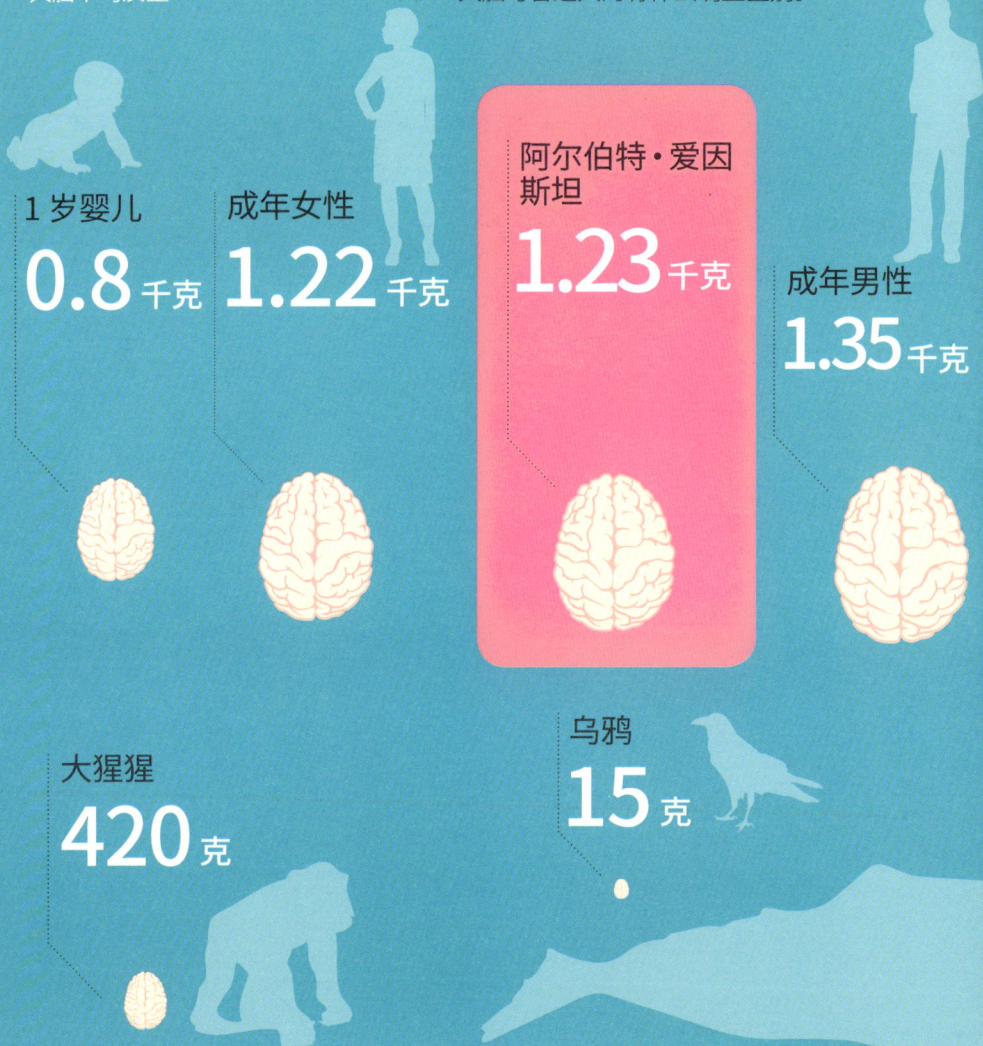

1 岁婴儿
0.8 千克

成年女性
1.22 千克

阿尔伯特·爱因斯坦
1.23 千克

成年男性
1.35 千克

大猩猩
420 克

乌鸦
15 克

长颈鹿

680克

大象

5千克

海豚

1.6千克

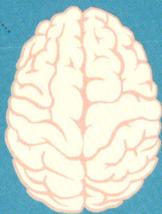

抹香鲸

7.8千克

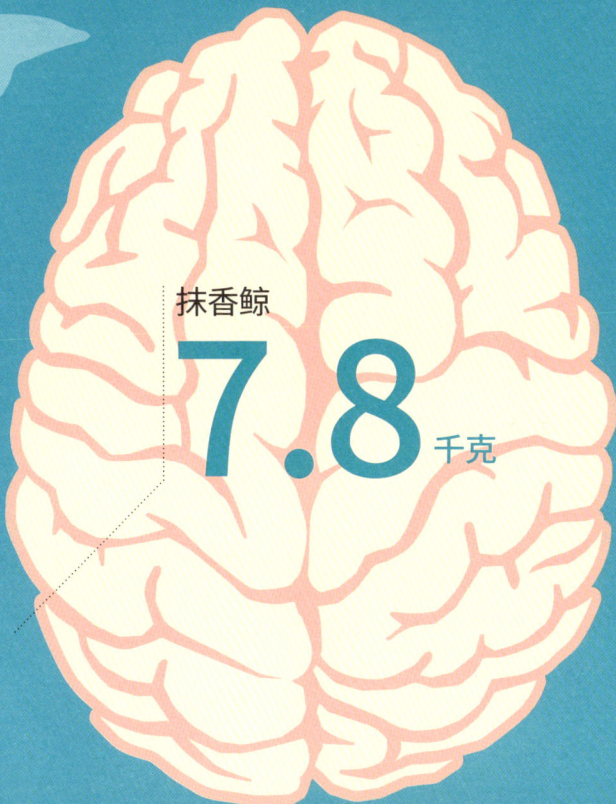

天才之死

1955 年 4 月 15 日，爱因斯坦被新泽西州普林斯顿医院收治，当时病历记载为"内科疾病"。他曾在 1948 年接受过腹主动脉瘤强化治疗，但选择放弃进一步手术，最终死于腹主动脉瘤破裂。爱因斯坦曾立下遗嘱，骨灰撒在不为人知处。医院病理学家托马斯·斯托尔兹·哈维（Thomas Stoltz Harvey）擅自留下了爱因斯坦的眼睛和大脑，这显然违背其本人意愿，并且没有得到他的家人允许。爱因斯坦的眼睛被送给他生前的验光师亨利·艾布拉姆斯（Henry Abrams），后者将其存放在纽约的一个保险箱里。爱因斯坦的大脑则被制成切片，由哈维检查后保存，直到 1997 年才被放弃霸占。

死亡日期

1955 年 4 月 18 日

年龄

76 岁

死亡原因

腹主动脉瘤

遗言

咕哝着德语，无法理解或未做记录

墓碑

爱因斯坦要求把他的骨灰撒在不为人知处，这样他的坟墓就不会成为人们朝拜的神社

"爱因斯坦对 20 世纪知识拓展领域的贡献无人能及。在拥有知识这种力量方面，没有人比他更谦虚，比他更确信没有智慧的力量是致命的。对于所有生活在核时代的人们来说，阿尔伯特·爱因斯坦是个人在自由社会中创造力的典范。"

—— 艾森豪威尔总统
（President Dwight D. Eisenhower）
就爱因斯坦辞世发表的讲话，1955 年

阿尔伯特·爱因斯坦

02
世界

"文明，其最高级的形态便如一株精妙的植物，在任何情况下，都依赖特定的条件生长，只在特定的地点茁壮。"

——阿尔伯特·爱因斯坦
《我眼中的世界》（*The World As I See*），1949 年

经典物理学

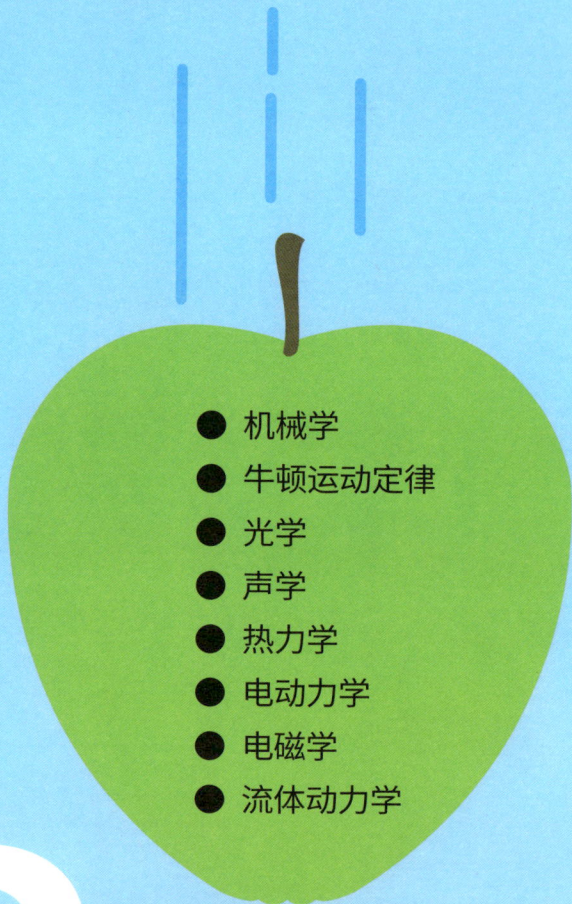

- 机械学
- 牛顿运动定律
- 光学
- 声学
- 热力学
- 电动力学
- 电磁学
- 流体动力学

3

牛顿三大运动定律

1 物体总保持匀速直线运动状态或静止状态，直到有外力迫使它改变。

2 物体的加速度跟物体所受的合外力成正比，跟物体的质量成反比。

3 两个物体之间的作用力和反作用力，在同一直线上，大小相等，方向相反。

现代物理学

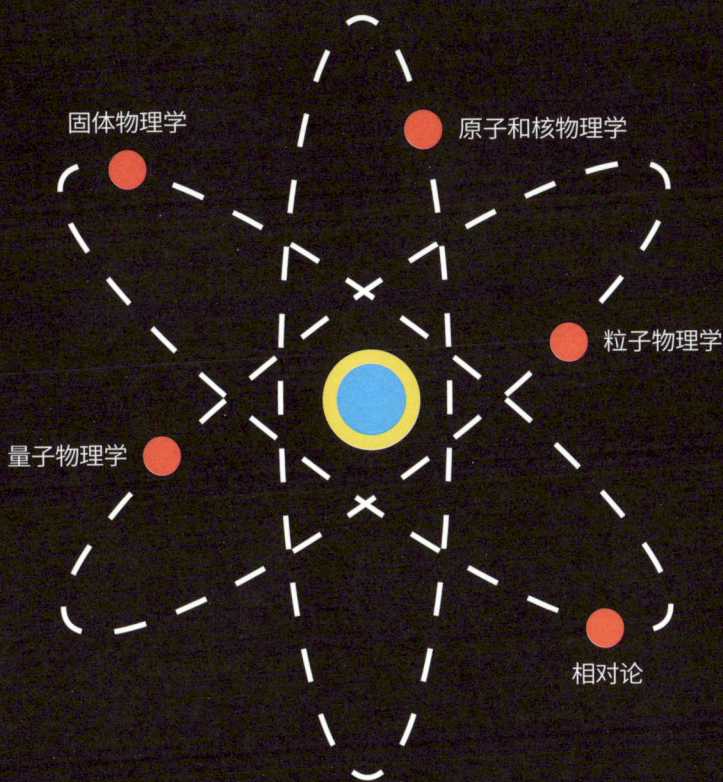

固体物理学

原子和核物理学

粒子物理学

量子物理学

相对论

到 19 世纪末，物理学仍然受制于此前建立的基础体系，该体系历经 2 000 多年，由艾萨克·牛顿（Issac Newton）、伽利略（Galileo）和迈克尔·法拉第（Michael Faraday）等科学家创立并发展。经典物理学对可观察到的问题进行研究：在速度小于光速，尺寸大于原子的前提下，对运动的研究和对宇宙的基本理解。常有报道指出，在 1900 年，英国物理学家开尔文勋爵（Lord Kelvin）曾说："现在，物理学上不会再有什么新发现，剩下的就是越来越精确的测量。"尽管没有证据表明他曾经这么说过。然而，1905 年，爱因斯坦在相对论方面进行了开创性的研究并提出一个可能——物理学研究尚未结束，这为现代物理学铺平了道路。

与经典物理学相反，现代物理学对极高的速度和微小的距离进行观察，并覆盖核物理学和量子理论的研究。若用最简单的方式来界定两者——经典物理学可以定义为 20 世纪之前的研究，而对现代物理学的研究则是从 20 世纪延续至今。

20 世纪的科学发现

沃尔特·萨顿（Walter Sutton）和西奥多·鲍维里（Theodor Boveri）提出，染色体携带遗传信息。

1902

爱因斯坦证明了原子和分子的存在及其大小，提出了光电效应，并提出了相对论和方程式 $E=mc^2$。

1905

欧内斯特·卢瑟福（Ernest Rutherford）发现原子结构。

1911

尼尔斯·玻尔（Niels Bohr）提出了原子的量子理论。

1913

埃德温·哈勃（Edwin Hubble）发现，宇宙不仅仅只有银河系。

1923

我们很容易将科学家的声望与其对科学的杰出贡献混为一谈。一些科学家因媒体曝光（而非因其工作本身）而广为人知——爱因斯坦可以说是自牛顿以来最知名的科学家。然而，不管基于哪个原因，他的声誉都不容质疑，正如牛顿引领了17世纪的科学变革，爱因斯坦为20世纪的物理学研究带来了两大突破。不过，这并不意味着对20世纪科学知识做出重大贡献的只有爱因斯坦。20世纪见证了人类如何运用科学理解万物，从宇宙的整体性到生命的机制，我们一直在转变观念。

乔治·勒梅特（Georges Lemaître）
提出宇宙正在不断膨胀。 1927

亚历山大·弗莱明（Alexander Fleming）
发现青霉素。 1928

詹姆斯·沃森（James Watson）和弗朗西斯·克里克（Francis Crick）研究出 DNA 的结构。
1953

阿诺·彭齐亚斯（Arno Penzias）和罗伯特·威尔逊（Robert Wilson）探测到宇宙微波背景辐射，有时人们也将其称为宇宙大爆炸的"回声"。 1964

加速宇宙膨胀的暗物质被发现。

1998

科学与宗教

爱因斯坦没有特定的宗教信仰，但他钟情于不受干扰的"万物之神"，他有时称其为"那个老头儿"（the Old Man）。他声称自己不是无神论者，而是不可知论者。爱因斯坦的两句名言是其对生活态度的诠释。一句是他用"上帝不与宇宙玩骰子"的名言表达对量子理论概率论的不满；另一句则是他于 1921 年所说的："上帝是狡猾的，但他不恶毒。"尽管他自己更喜欢的翻译版本是"上帝是狡猾的，但他不卑鄙"。可后来他又说："我改主意了，或许上帝就是恶毒的。"尽管科学和宗教常常相互对立，但如图所示，两者也常常交织重叠。

查尔斯·巴贝奇（Charles Babbage）
勒内·笛卡尔（René Descartes）
迈克尔·法拉第（Michael Faraday）
伽利略·伽利莱（Galileo Galilei）
维尔纳·海森堡（Werner Heisenberg）
安东尼·休伊什（Antony Hewish）
开尔文勋爵（Lord Kelvin）
乔治·勒梅特（Georges Lemaître）
詹姆斯·克拉克·麦克斯韦
（James Clerk Maxwell）
艾萨克·牛顿（Isaac Newton）
马克斯·普朗克（Max Planck）
阿布杜斯·萨拉姆（Abdus Salam）

- 信徒
- 不可知论者和摇摆派
- 无神论者

大卫·爱登堡（David Attenborough）
弗朗西斯·克里克（Francis Crick）
玛丽·居里（Marie Curie）
查尔斯·达尔文（Charles Darwin）
阿尔伯特·爱因斯坦（Albert Einstein）
恩利克·费米（Enrico Fermi）
罗莎琳·富兰克林（Rosalind Franklin）
默里·盖尔曼（Murray Gell-mann）
马丁·里斯（Martin Rees）

尼尔斯·玻尔（Niels Bohr）
理查德·道金斯（Richard Dawkins）
保罗·狄拉克（Paul Dirac）
理查德·费曼（Richard Feynman）
埃德蒙·哈雷（Edmond Halley）
史蒂芬·霍金（Stephen Hawking）
弗雷德·霍伊尔（Fred Hoyle）
莱纳斯·鲍林（Linus Pauling）
埃尔温·薛定谔（Erwin Schrödinger）
詹姆斯·沃森（James Watson）

与玻恩的
通信往来

爱因斯坦和德国物理学家马克斯·玻恩（Max Born）是 40 多年的朋友。40 多年里，他们大部分时间都保持着稳定的书信往来，信中既有两人对科学观点的评论，更有日常的观察交流。玻恩是著名歌手奥莉维亚·纽顿-约翰（Olivia Newton-John）的祖父，曾与海森堡和薛定谔一起进行量子物理学方面的研究。玻恩对该领域的最大贡献之一是他意识到薛定谔的波动方程不是描述粒子的确切位置，而是描述在特定位置找到它的概率。 由于玻恩将概率置于量子理论的核心地位，因此爱因斯坦一些最著名的批评都是针对他的。

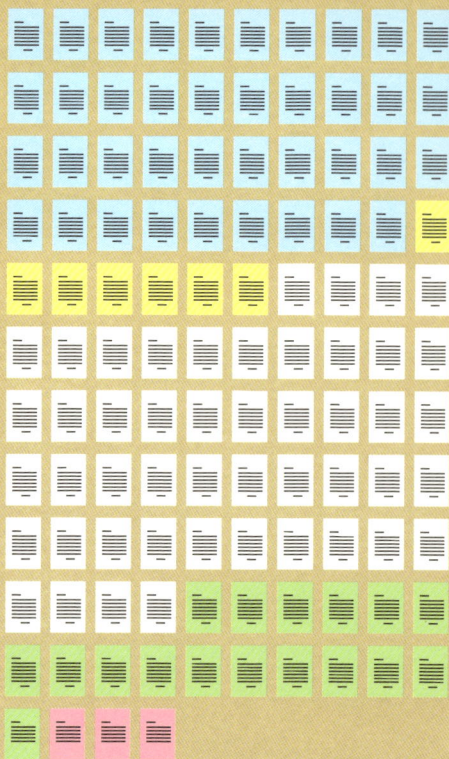

114
封信

- 🔵 爱因斯坦致玻恩
- 🟡 爱因斯坦致玻恩及其妻子海蒂（Hedi）
- ⚪ 玻恩致爱因斯坦
- 🟢 爱因斯坦致海蒂
- 🔴 玻恩和海蒂致爱因斯坦

◀ **马克斯·玻恩**
德国物理学家、数学家，对量子力学的发展做出杰出贡献。

1924 爱因斯坦致信玻恩夫妇

"我发现自己很难忍受这样一个想法——一个暴露于辐射的电子应该按照自己的自由意志，不仅要选择跳跃的时机，还要选择跳跃的方向。如果真是如此，我宁愿当补鞋匠，或者赌场小弟，也不愿做物理学家。"

爱因斯坦致信玻恩 1926

"量子力学确实令人印象深刻，但内心的声音告诉我这不是真的。这个理论讲述了很多，但并没有真正使我们更接近'那个老头儿'（此处指上帝。——译者者注）的秘密。无论如何，我确信他没有在玩骰子。"

1933 爱因斯坦致信玻恩

"我在德国被宣传为'邪恶的怪物'，我所有的钱也都被没收。但我自我安慰，钱财问题很快会得到解决。"

爱因斯坦致信玻恩 1936

"与一个年轻搭档合作，我得出了一个有趣的结果，即引力波并不存在。"
（他后来又改变了主意）

1947 爱因斯坦致信玻恩

"我不能当真相信（当前的量子理论），物理学应该摆脱幽灵般的远距效应，去描绘时间与空间的真相，而当前的量子理论并未与这一目标保持一致。"

世界

45

爱因斯坦与炸弹

正如 1905 年爱因斯坦在他的论文中所写的方程式那样，一切皆始于 $E = mc^2$ 或 $m = L / V^2$（L 是释放的能量，V 是光速）。爱因斯坦认为，他的理论公式可以用放射性镭盐来进行检验，但他从未想过将其研究结果真正运用于实践。然而，到了 1939 年，随着核连锁反应和核裂变的研究发展，爱因斯坦一直坚持的和平主义信念动摇了。他在一封敦促美国总统罗斯福批准核武器的研究，以应对德国可能采取的威胁行为的信件上签名。后来爱因斯坦对这次签名及其后果表示后悔。

高能效炸弹

V-2 火箭
(1944)
世界上第一枚远程制弹道导弹。

核弹

小男孩
(1945)
第一枚被用于战争的原子弹，投放在日本广岛。

W73
(1978)
最小的三叉戟 II 导弹裂变弹头。

热核弹

喝彩城堡
(1954)
美国引爆的最大热核炸弹。

爆炸破坏范围

0.004 平方英里（约 0.01 平方千米）

4.4 平方英里（约 11.4 平方千米）

93 平方英里（约 241 平方千米）

1405 平方英里（约 3639 平方千米）

GBU-43 / B
(2003)

大当量炸弹，被称为"所有炸弹之母"。

胖子
(1945)

原子弹在日本长崎上空爆炸。

常春藤国王
(1952)

美国有史以来试爆的最大裂变炸弹。

沙皇炸弹
(1961)

有史以来最大的热核弹。

每千吨能量

- 0.000 9
- 0.011
- 15
- 21
- 100
- 500
- 15 000
- 50 000

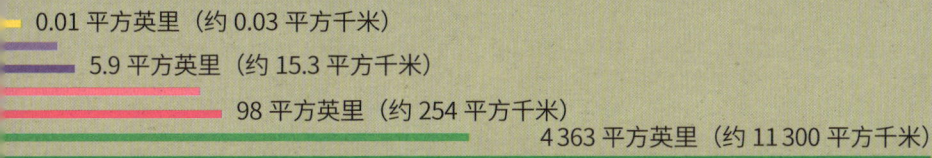

0.01 平方英里（约 0.03 平方千米）

5.9 平方英里（约 15.3 平方千米）

98 平方英里（约 254 平方千米）

4 363 平方英里（约 11 300 平方千米）

进入核时代

第二次世界大战对科学产生了巨大且不可逆转的影响。 20 世纪 30 年代，随着核裂变的发现和核链反应概念的发展，战争期间制造出原子弹只是时间问题。 与此同时，德国正在生产火箭装备，由于其巨大的破坏力，这些装备的生产后来成为美国和苏联发展太空科学的核心技术。

"核"，通常具有负面含义，但核裂变的发展也为人类带来了巨大福利。

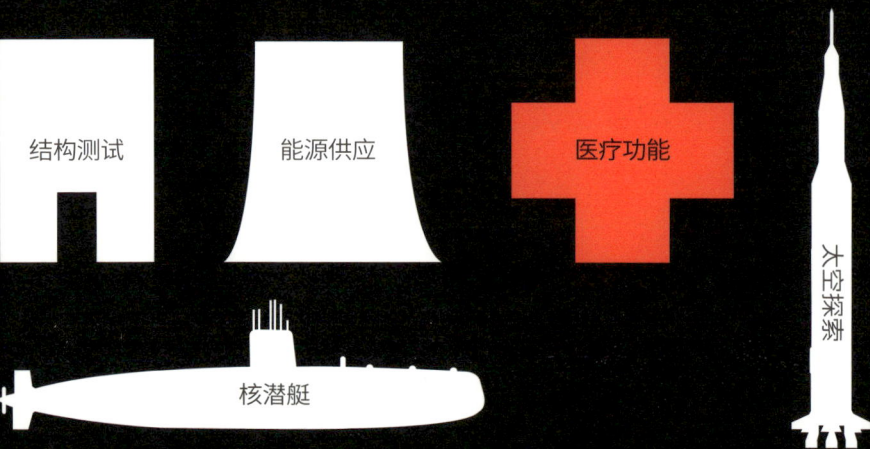

结构测试　　　能源供应　　　医疗功能　　　太空探索

核潜艇

核裂变　　　　核聚变

能量　　　　　　能量

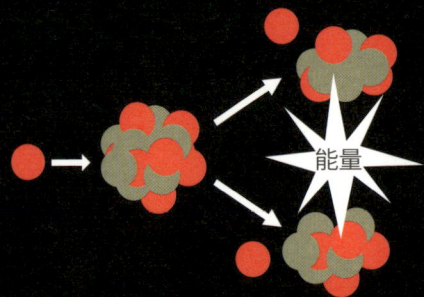

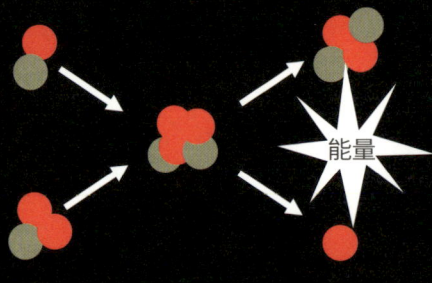

向原子核发射中子（红色），使其一分为二，释放能量和更多中子，从而产生连锁反应。

两个原子核（通常是氢同位素）相撞形成一个更大的核从而释放大量能量。

核弹时间轴

1930
1931
1932
1933
1934
1935
1936
1937
1938
1939
1940
1941
1942
1943
1944
1945
1946
1947
1948
1949
1950

● **英国伦敦**
匈牙利物理学家利奥·西拉德（Leo Szilard）提出核连锁反应的概念。

● **德国柏林**
德国化学家奥托·哈恩（Otto Hahn）和弗里茨·斯特拉斯曼（Fritz Strassmann）发表了核裂变实验成功的报告。

● **瑞典斯德哥尔摩**
奥地利物理学家莉泽·迈特纳（Lise Meitner）和奥托·弗里希（Otto Frisch）发表了有关核裂变的理论，其中包括核武器的潜力。

● **美国华盛顿特区**
罗斯福总统收到爱因斯坦和西拉德的来信，指出德国拥有核武器的风险以及美国发展核武器的必要性。

● **德国柏林**
德国的核武器计划分为三个阶段：铀和重水的生产、铀同位素分离以及铀化学机器的制造（铀机器）。

● **美国华盛顿特区**
富兰克林·罗斯福总统批准一项原子弹计划。

● **美国曼哈顿**
美国成立核计划陆军联络处，并将其命名为"曼哈顿计划"。

● **德国柏林**
德国开始逐渐放缓核武器计划，以支持更紧迫的与战争相关的项目，并重新调整了核能利用的重点。

● **德国佩内明德**
第一枚 V-2 弹道导弹在伦敦发射，这成为美国和苏联太空竞赛的起点。

● **美国阿拉莫戈多**
在三位一体实验中，原子弹第一次被成功引爆。

● **日本广岛**
铀弹"小男孩"被投放于此。

● **日本长崎**
钚弹"胖子"被投放于此。

科学之"出埃及记"

在 20 世纪 20 年代，德国政府对爱因斯坦的态度是复杂而矛盾的。一方面，他是德国伟大的科学家，以广义相对论而享誉全球。而另一方面，他是犹太人并且显然并不爱国，还放弃了德国国籍。 没有什么比柏林市在庆祝爱因斯坦 50 岁生日时在哈维尔河附近赠予他一栋房子，同时德国当局又批判他的"犹太物理学"更能说明这种双重态度。在他移居美国之前，爱因斯坦积极造访其他国家，游说当局收容难民科学家（并非都是犹太人）及其家人。

20 世纪 **30** 年代由于希特勒上台而背井离乡的物理学家：

阿尔伯特·爱因斯坦
（Albert Einstein）

爱因斯坦出生于德国，访问英国是为了游说英国政府从德国营救犹太科学家。 他于 1933 年前往美国，并于 1940 年获得美国公民身份。

马克斯·玻恩
（Max Born）

1933 年，玻恩离开故土德国来到英国，在印度短暂停留。1939 年，玻恩被授予英国公民身份。

埃尔温·薛定谔
（Erwin Schrödinger）

薛定谔出生于奥地利，在德国任教。与爱因斯坦一样，他前往英国，后来移居爱尔兰，并于 1948 年成为爱尔兰公民。

尼尔斯·玻尔
（Niels Bohr）

由于丹麦被纳粹占领，玻尔于 1943 年离开家乡经瑞典前往英国。同年，他拜访了美国的爱因斯坦和沃尔夫冈·泡利，然后于 1945 年返回丹麦。

爱因斯坦传

恩利克·费米
（Enrico Fermi）

费米出生于意大利，曾前往瑞典领取诺贝尔奖。此后他没有回国，而是在美国哥伦比亚大学任职。他于1944年成为美国公民。

莉泽·迈特纳
（Lise Meitner）

迈特纳出生于奥匈帝国，是柏林大学的第一位物理学女教授。她于1938年逃离德国前往荷兰。同年，她移居瑞典，并于1949年成为瑞典公民。

奥托·弗里希
（Otto Frisch）

弗里希常年处于迁徙状态。他出生于奥匈帝国，并在德国接受教育。希特勒被任命为总理后，他离开了德国。1943年，他获得英国国籍。

沃尔夫冈·泡利
（Wolfgang Pauli）

出生于奥地利的泡利在瑞士任教，但战争爆发后，他被迫移居美国。他成为美国的入籍公民，但于1946年回到瑞士。

汉斯·贝特
（Hans Bethe）

在犹太科学家被禁止从事学术工作后，贝特离开了德国，前往英国和美国任教。他于1941年被授予美国公民身份。

爱德华·泰勒
（Edward Teller）

希特勒上台后，出生于奥匈帝国的泰勒于1933年逃离德国，前往英国。他于1935年移居美国，并于1941年成为美国公民。

5 关于爱因斯坦，你不知道的五件事

1 爱因斯坦的妹妹出生时，母亲向他许诺"她是可以玩的新东西"。而当他看到这个婴儿时，失望地问道："车轮子在哪里？"（他本来以为"妹妹"会是玩具车之类的"新东西"。——译者注）

2 爱因斯坦从不穿袜子，原因是："我小时候发现大脚趾总是在袜子上打洞，所以我不再穿袜子。"

3 移居美国后，爱因斯坦有一个 15 英尺（4.6 米）的小艇，名叫"蒂尼夫（Tinef）"，在意第绪语里的意思是"毫无价值"。作为水手，他并不厉害，而且也不会游泳，因此在众多场合被人多次施救。

4 1933 年，爱因斯坦在英国逗留几周，他与温斯顿·丘吉尔会面，并促成其支持德国的犹太科学家。后来，他在伦敦的皇家阿尔伯特音乐厅组织了一次集会，为"学术援助委员会"筹集到 50 万美元，该委员会多次协助从德国营救学者的工作。

5 在其晚年，爱因斯坦有次忘记了住址，便致电办公室询问。但为了保证爱因斯坦免受打扰，办公室有不能透露其住址的规定。所以，最终他们拒绝了爱因斯坦。

爱因斯坦传

阿尔伯特·爱因斯坦

03
工作

"相对论的整个发展就是围绕这样一个问题，即自然界是否存在物理学上特别优越的运动状态？"

$$mc^2$$

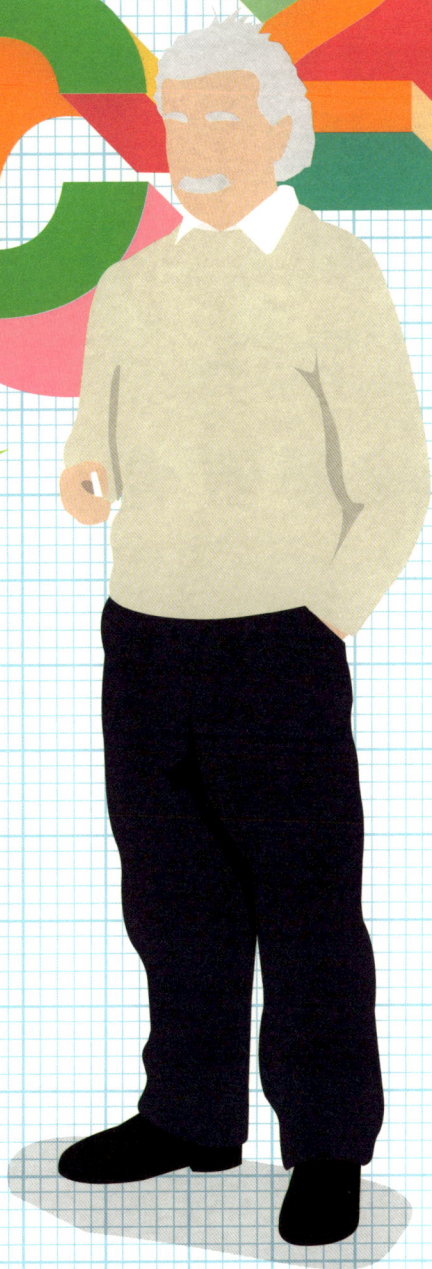

——阿尔伯特·爱因斯坦
于"北欧自然科学家大会"发表的演讲
哥德堡，1923 年

个人履历

工作经历

副教授，伯尔尼大学，瑞士伯尔尼

理论物理学副教授，苏黎世大学，瑞士苏黎世

助理审查员，联邦专利局，瑞士伯尔尼

1900	1901	1902	1903	1904	1905	1906	1907	1908	1909	1910	1911	1912	1913

理论物理学教授，卡尔-费迪南德大学，捷克斯洛伐克布拉格

1927	1926	1925	1924	1923	1922	1921	1920	1919	1918	1917	1916	1915	1914

主任，凯撒·威廉物理研究所，德国柏林

理论物理学教授，苏黎世大学，瑞士苏黎世

1928	1929	1930	1931	1932	1933	1934	1935	1936	1937	1938	1939	1940	1941

理论物理学教授，普林斯顿高等研究院，美国

1955	1954	1953	1952	1951	1950	1949	1948	1947	1946	1945	1944	1943	1942

这一时期的理论研究和科学发现

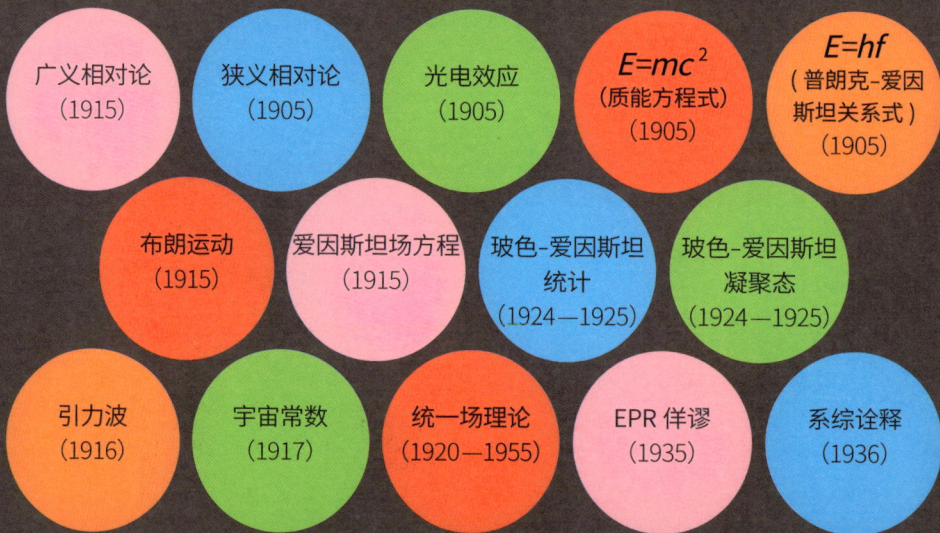

广义相对论
（1915）

狭义相对论
（1905）

光电效应
（1905）

$E=mc^2$
（质能方程式）
（1905）

$E=hf$
（普朗克-爱因斯坦关系式）
（1905）

布朗运动
（1915）

爱因斯坦场方程
（1915）

玻色-爱因斯坦统计
（1924—1925）

玻色-爱因斯坦凝聚态
（1924—1925）

引力波
（1916）

宇宙常数
（1917）

统一场理论
（1920—1955）

EPR 伴谬
（1935）

系综诠释
（1936）

发表的论文数量 300+

1905
非凡的一年

大多数数学家和科学家在年轻时达到其科研巅峰。爱因斯坦无疑也在 1905 年收获了非凡，那时他才 26 岁，但其开创性科研活动纵跨的时间比他所在领域的大多数人都要长。

重要论文

- 《关于光的产生和转化的一个启发性观点》
  1905 年 3 月，因此论文全面解释了光电效应而获得 1921 年诺贝尔奖

- 《分子大小的新测定》
  1905 年 4 月，博士论文

- 《论动体的电动力学》
  1905 年 6 月，提出狭义相对论

- 《物体的惯性与其所含能量有关吗？》
  1905 年 9 月，以狭义相对论为基础的一篇短文，推导出科学方程式：$E=mc^2$

曾获国籍

1901	1914	1940
瑞士国籍	德国国籍	美国国籍

（1933 年，宣布放弃）

使用语言

德语　英语

推荐人

阿尔弗雷德·克莱纳
(Alfred Kleiner)

海因里希·弗里德里希·韦伯
(Heinrich Friedrich Weber)

无须引用

爱因斯坦的论文被引用的次数

诺贝
尔奖

博士论文

布朗运动 / 原子的存在

光电效应 / 量子物理
（获得诺贝尔奖的论文）

狭义相对论

$E=mc^2$

（1905）

（1905）

（1905）

（1905）

（1905）

3 440

8 577

10 026

1 025

304

历史上没有哪位科学家能像爱因斯坦在 1905 年那样，一年内取得如此巨大的成就。当时，他在伯尔尼的瑞士专利局工作，没有学术地位。 然而，除了完成博士论文外，他还成功发表了另外四篇论文，这些研究成果对于许多科学家而言，是奋斗终身也无法企及的。这些论文证实了原子的存在，用量子理论解释了光电效应（获得诺贝尔奖的论文），建立了狭义相对论，并提出 $E=mc^2$。爱因斯坦的论文很少被其他人引用。那些经常被引用的论文多为注重实用的方法研究，而爱因斯坦的理论如此基础，因此几乎无须引用。

根据《自然》杂志排序，2014 年其他学者被引最多的论文

《用劳瑞法测定蛋白质的含量》
[劳瑞（Lowry） 罗斯布劳赫（Rosebrouch） 法尔（Farr）
兰德尔（Randell）]

《噬菌体 T4 头部组装过程中结构蛋白的裂解》
[拉姆利（Laemmli）]

《一种利用蛋白质 - 染料结合原理
快速、灵敏地定量微克量蛋白质的方法》
[布拉德福德（Bradford）]

《DNA 双脱氧链末端终止测序法》
[桑格（Sanger） 尼克伦（Nicklen） 与库尔森（Coulson）]

《酸性硫氰酸胍 - 苯酚 - 氯仿萃取一步法
提取 RNA》
[乔姆钦斯基（Chomczynski） 与萨基（Sacchi）]

(1951) (1970) (1976) (1977) (1987)

305 148 213 005 155 530 65 335 60 397

丹麦物理学家尼尔斯·玻尔是爱因斯坦的多年好友——但他们俩有着截然不同的工作方法。20世纪20—30年代，他们多次在各种会议上碰面，而其间，爱因斯坦总想用思想实验的方法去挑战玻尔的量子物理学观点，两人也因此产生分歧。一次典型交锋——某日，爱因斯坦在早餐时发出挑战，玻尔经过整日思考，在下午茶时间便回来指出爱因斯坦的错误。

爱因斯坦

冠之以"爱因斯坦"

- 小行星：2001 爱因斯坦星
- 爱因斯坦月球环形山
- 化学元素：爱因斯坦

国籍

放弃德国国籍，并视自己为世界公民（如果有的话）。

科学之外

最为人所知的当数对音乐的热爱，尤其钟爱小提琴。

获得诺贝尔奖

1921

家庭

与米列娃结婚16年后结束第一段婚姻，另娶艾尔莎为妻，婚姻持续17年。爱因斯坦总把家庭置于第二。他有三个孩子：一个女儿和两个儿子。

科学传承

爱因斯坦的儿子汉斯·阿尔伯特是一名水利工程学教授。

阿尔伯特·爱因斯坦（1879—1955）

玻尔

1949 年，玻尔在一篇题为《与爱因斯坦讨论原子物理学中的认识论问题》的文章中记载了他们之间的争执。尽管两人有意见分歧，但彼此都非常敬重对方。

尼尔斯·玻尔（1885—1962）

国籍

以自己是丹麦人为荣，引领哥本哈根成为量子物理学的研究中心。

冠之以"玻尔"

- 小行星：3948 玻尔星
- 玻尔月球环形山
- 化学元素：玻尔

科学之外

最为人所知的当数对体育的热爱，尤其钟爱足球。

家庭

以家庭为重。玻尔与妻子玛格丽特结婚 50 载，育有 6 个孩子，全是男孩。

获得诺贝尔奖

1922

科学传承

玻尔的儿子阿格（Aage）在原子核物理学领域做出了杰出的贡献，于 1975 年被授予诺贝尔物理学奖。

分子存在

1827 年，苏格兰植物学家罗伯特·布朗（Robert Brown）发现，花粉中的微粒会在水中跳动，好像它们拥有生命似的，但他不知道原因。近 80 年后的 1905 年，爱因斯坦在他的第一篇惊世论文中，不仅将其解释为水分子不断碰撞的结果，而且还利用数据生成了该过程的数学模型，这个过程提供了水分子相对规模的概念。这项发现意义非凡，因为它为原子和分子的存在提供了最早的明确证据。

氢原子
0.05
纳米

水分子
0.3
纳米

高能紫外光的波长
40
纳米

氢分子
0.15
纳米

烟草花叶病毒
18
纳米

血红蛋白分子
6.5
纳米

1 纳米 = 十亿分之一米 (0.000 000 001 米)

以纳米为单位比较大小

绿光波长
540
纳米

烟雾颗粒
200
纳米

典型病毒
100
纳米

大多数分子太小，
肉眼无法看见，但是可
以通过显微镜测量其大小差异。

量子理论基础知识

电磁光谱

← 波长增加

频率（赫兹）

| 10^6 | 10^7 | 10^8 | 10^9 | 10^{10} | 10^{11} | 10^{12} |

| 无线电波 | | 微波 | |

| AM
调频收音机 | FM
调频收音机 | 手机
无线网络 | 微波炉 | 人体发散出的
热辐射 |

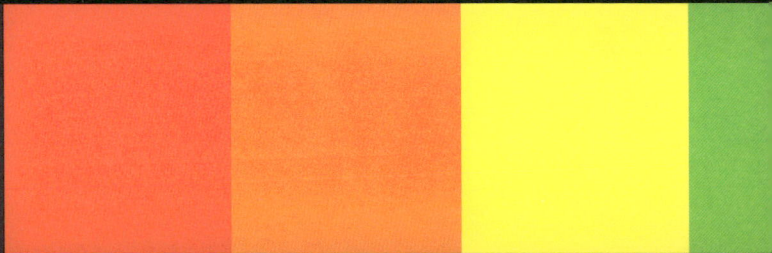

讽刺的是，尽管爱因斯坦并不认同量子物理学，但为他赢得诺贝尔奖的论文却为量子物理学的创立做出了贡献。光照在某些金属上会产生电流——光电效应。如果光是波浪，我们可以推测波浪越大，电流越大。但现实中，部分颜色的光无论光线有多强都无法产生电流。爱因斯坦认为可以从光的粒子性来解释这个现象。光是由量子粒子（光子）组成的，光子的能量决定了光的颜色。只有光子有足够的能量，它才能击出电子，从而产生电流。

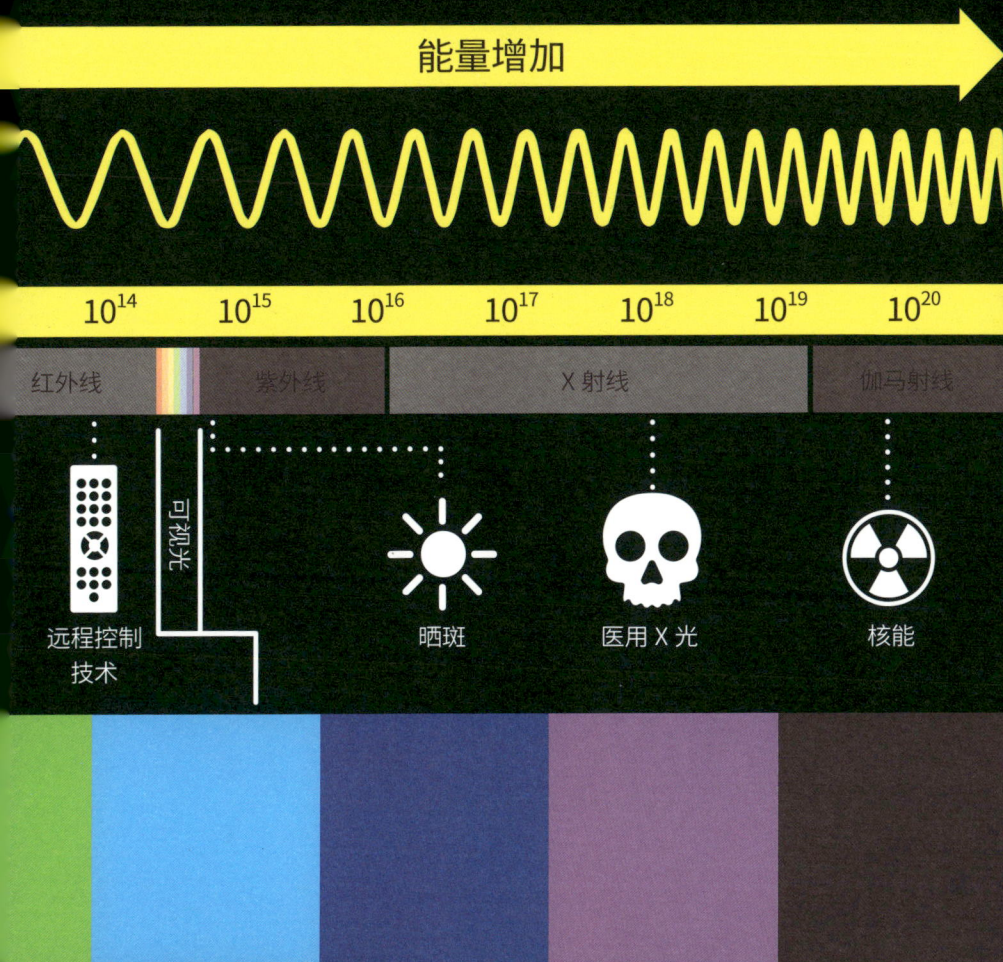

能量增加

10^{14} 10^{15} 10^{16} 10^{17} 10^{18} 10^{19} 10^{20}

红外线	紫外线	X 射线	伽马射线

可视光

远程控制技术　　　晒斑　　　医用 X 光　　　核能

该图显示了电磁波谱中的光子能量及其对应的波段。能量的大小与光子的频率成正比，与波长成反比。光子频率越高，能量越高。波长越长，能量越低。红光由能量低、波长长和频率低的光子产生，紫光则由能量高、波长短和频率高的光子产生。

狭义相对论

这项研究是爱因斯坦最具标志性的成就，是他 1905 年的众多杰出成果之一。 他的狭义相对论将牛顿运动定律与光只有以特定速度传播时才能存在的发现结合在一起。无论物体相对于光如何运动，光都以特定恒定速度传播的规律将时间与空间紧密关联起来。这意味着运动的物体，速度在运动方向上收缩，其质量就会增加，时间也会变慢。在 1905 年问世的四篇论文的最后一篇中，爱因斯坦介绍了 $m = E/c^2$（其中 m = 质量，E = 能量，c^2 = 光速的平方），并补充质量和能量是可相互转换的，从而得出 $E = mc^2$——这一全世界最著名的方程式。也许人们很难理解方程式的重要性，但爱因斯坦将质量和能量这两个看似无关的因素联系在一起。 现在人们用这个方程式来解释从宇宙大爆炸到原子弹的所有事件。

狭义相对论的使用

时间变慢或加快，取决于你的相对运动速度。 你的速度越接近光速，时间就越慢，虽然你不会注意到它的影响，直到你回到原来的静止位置。 接近光速时，飞船内的人要比留在家中的人衰老速度慢得多。 右图显示了以不同速度移动的、真实的或假设的飞行者，与待在地球上的人相比，在时间上的差距。

$$E = mc^2$$

E（能量）

m（质量）

c^2（光速的平方）

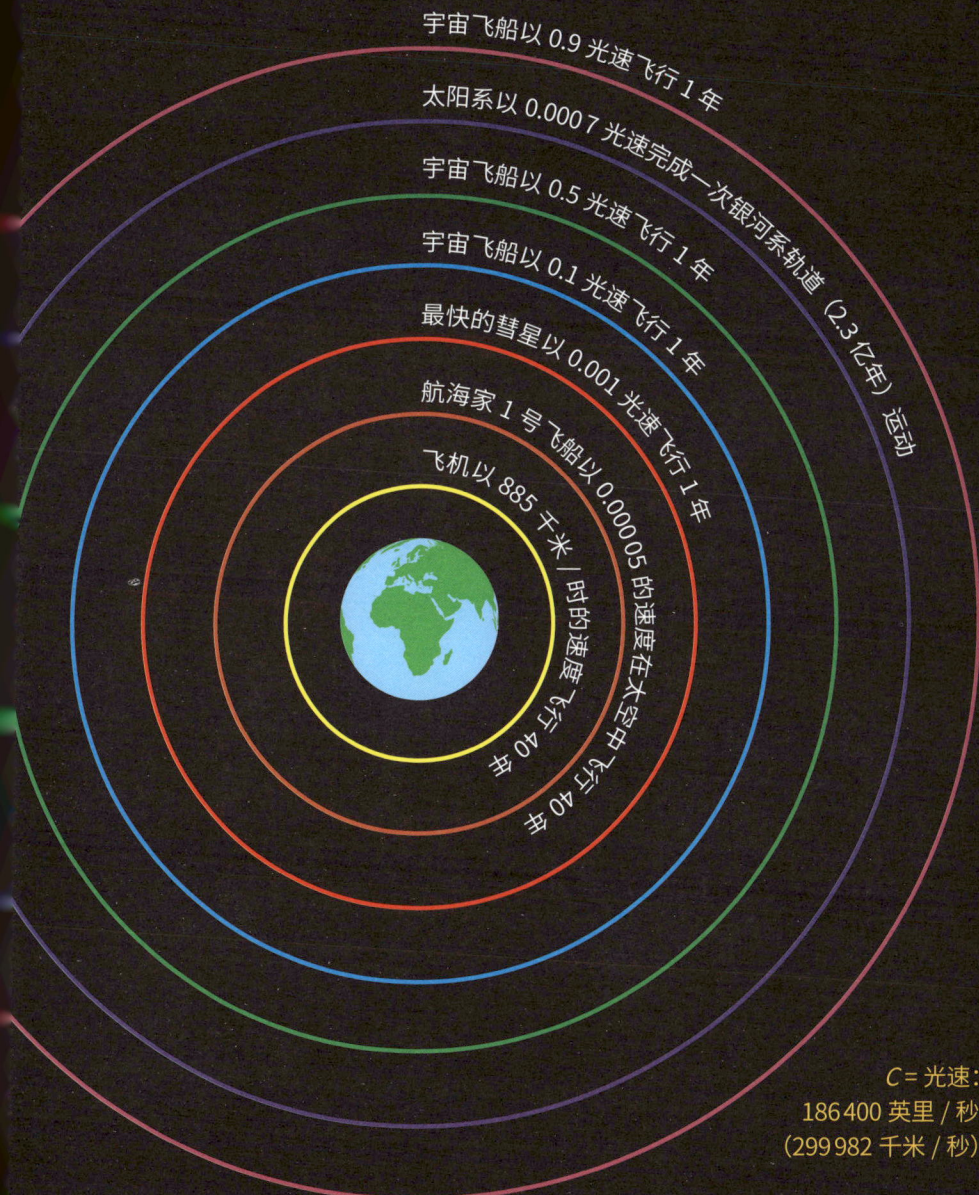

宇宙飞船以 0.9 光速飞行 1 年

太阳系以 0.0007 光速完成一次银河系轨道（2.3 亿年）运动

宇宙飞船以 0.5 光速飞行 1 年

宇宙飞船以 0.1 光速飞行 1 年

最快的彗星以 0.001 光速飞行 1 年

航海家 1 号飞船以 0.00005 的速度在太空中飞行 40 年

飞机以 885 千米 / 时的速度飞行 40 年

C = 光速：
186400 英里 / 秒
（299982 千米 / 秒）

相较于地球

- +1/1000 秒
- +1.1 秒
- +49 秒
- +44.16 小时
- +0.155 年
- +0.676 年
- +1.294 年

工作

广义相对论

质量 (千克)	0.33×10^{24}	4.87×10^{24}	5.97×10^{24}	0.64×10^{24}
	水星	金星	地球	火星
重力加速度 (m/s²)	3.7	8.9	9.8	3.7

狭义相对论之所以被赋予"狭义"一词，不是因为它的"特别"（尽管确实如此），而是因为它仅适用于特定情况。虽然当时爱因斯坦仍在专利局工作，但他意识到，如果将加速度充分融入研究中，那该理论的发展会走得更远，因为加速度和重力是无法割裂的。通过概括其理论，爱因斯坦解释了为什么物质会引起万有引力——因为它扭曲了空间和时间，以及扭曲的空间和时间如何改变物质的运动方式。要在数学上证明广义相对论是正确的，挑战性极高，但爱因斯坦坚持不懈并最终建立了这一跨时代的理论。

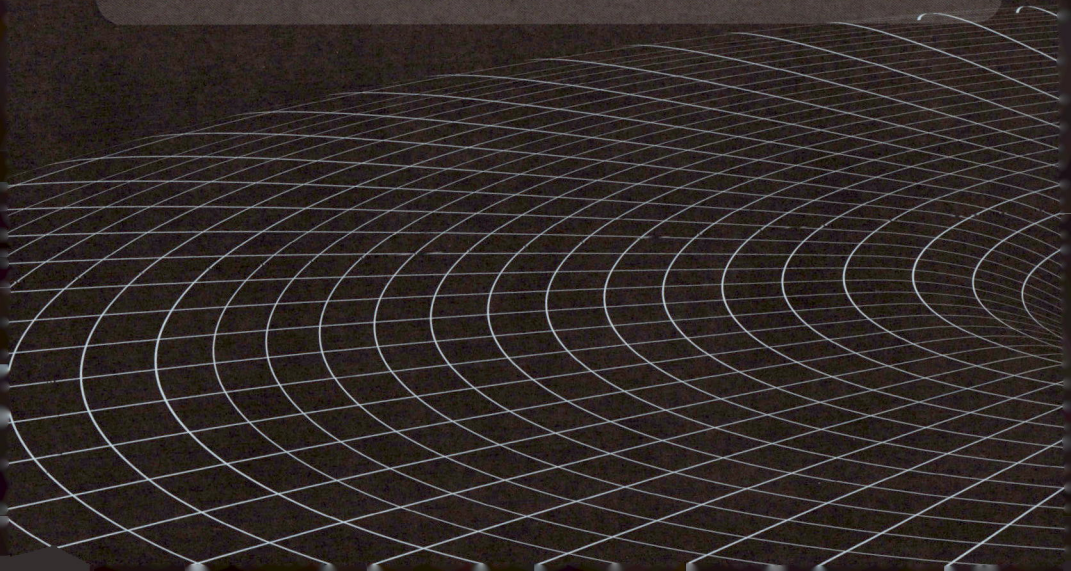

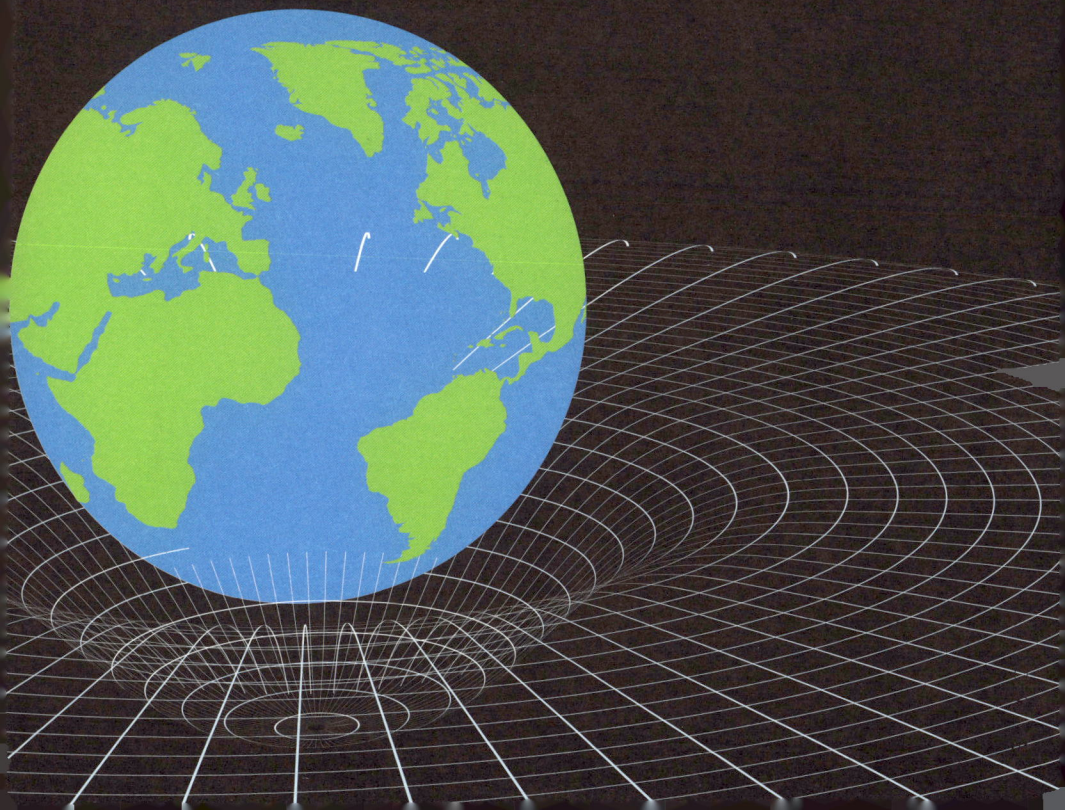

物质扭曲空间和时间。质量越大，发生的扭曲越剧烈（极端情况下，黑洞会使时空产生剧烈扭曲，甚至连光线也无法从中逃脱）。巨大的物体（例如行星）扭曲其周围的时空并影响其他物体。自由落体在地球上的加速度为 9.8 m/s²，而由于行星质量各不相同，其他行星上的加速度存在很大差异。

898×10^{24}	568×10^{24}	86.8×10^{24}	102×10^{24}	质量（千克）
木星	土星	天王星	海王星	
23.1	**9**	**8.7**	**11**	重力加速度（m/s²）

建模宇宙

广义相对论是一个巨大的胜利，它提供了比牛顿更精确的关于引力的描述，但人们很快发现其意义远不止于此。广义相对论公开发表后仅数周，德国物理学家卡尔·史瓦西（Karl Schwarzschild）就得到爱因斯坦场方程的精确解，从而首次预言了黑洞。次年，荷兰物理学家威廉·德西特（Willem de Sitter）将这一理论应用于整个宇宙。尽管那是个单一、虚空的宇宙，但这是首次使用广义相对论描述宇宙行为的尝试，从而引导出当前的"大爆炸"理论。

年复一年，随着我们对宇宙的了解越来越多，
我们对其大小的理解也在不断改变：

- 0.000 2 光年——阿基米德（Archimedes）
（公元前 3 世纪）——以地球为中心的宇宙

- 0.000 03 光年——托勒密（Ptolemy）
（2 世纪）——以地球为中心的宇宙

- 0.2 光年——第谷·布拉赫（Tycho Brahe）
（16 世纪）——哥白尼宇宙

- 2 光年——阿里斯塔克（Aristarchus），途经阿基米德
（公元前 3 世纪）——以太阳为中心的宇宙

- 8 000 光年——威廉·赫歇尔（William Herschel）
（18—19 世纪）

- 100 000 光年——哈罗·沙普利（Harlow Shapley）
（20 世纪）

- 60 亿光年——埃德温·哈勃（Edwin Hubble）
（20 世纪）

- 900 亿光年——当前可观测的宇宙
（21 世纪）

- 无限大——艾萨克·牛顿（Isaac Newton）
（17—18 世纪）

由于宇宙广阔无垠，以小单位（例如英里和千米）进行距离测量是不切实际的。 光年是指光在 1 年中可以传播的距离。 要将其转换为英里，请将光速（186 000 英里 / 秒）乘以 1 小时的秒数（3 600），再乘以 1 天的小时数（24），再乘以 1 年中的天数（365）。
186 000 x 3 600 x 24 x 365 = 5 878 625 373 184 英里

1 ≈ 6

光年　　　　万亿英里
　　　　（10 万亿千米）

引力波

1916 年，带着满脑子关于广义相对论的思考，爱因斯坦提出运动的物体会产生引力波，即时空本身的压缩和伸展。 到了 1936 年，在与普林斯顿大学的内森·罗森（Nathan Rosen）共事后，他又否定了引力波的存在……而仅仅一年之后，他又再次修改其论文，承认引力波的存在。即便如此，爱因斯坦仍然认为引力波太微弱以至于难以探测。然而，在广义相对论发表 100 年后的 2015 年 9 月，位于美国的激光干涉引力波天文台（LIGO）探测到了引力波，这一探测开创了天文学的新纪元。

两个黑洞相撞会发生什么？

当两个黑洞非常接近时，它们就不可能避开彼此的引力，结果便是它们相互以螺旋形旋转并最终碰撞，形成一个更大的黑洞。 这一撞击十分剧烈，它以引力波的形式产生出巨大能量，从而影响时空的曲率。

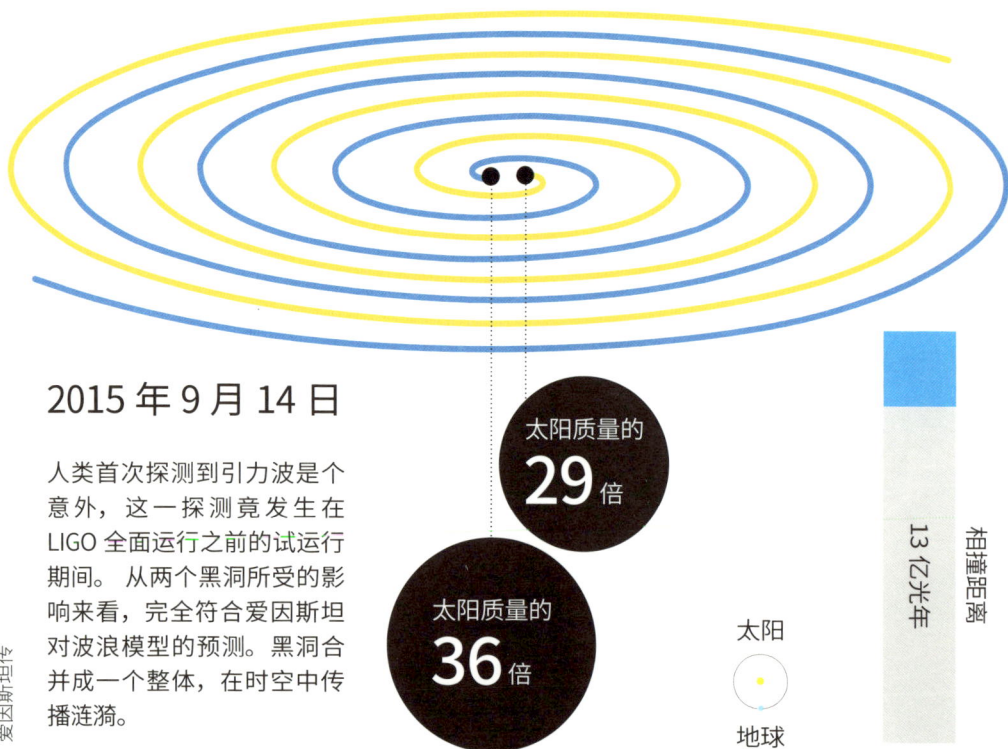

2015 年 9 月 14 日

人类首次探测到引力波是个意外，这一探测竟发生在 LIGO 全面运行之前的试运行期间。 从两个黑洞所受的影响来看，完全符合爱因斯坦对波浪模型的预测。黑洞合并成一个整体，在时空中传播涟漪。

太阳质量的 **29** 倍

太阳质量的 **36** 倍

相撞距离

13 亿光年

太阳

地球

当两个黑洞相撞，其峰值功率相当于每秒释放 200 个太阳质量，这是可观测到的宇宙中所有恒星总输出功率的 **50** 倍。

○○○○○○○○○○○○○○○○○○○○
○○○○○○○○○○○○○○○○○○○○
○○○○○○○○○○○○○○○○○○○○
○○○○○○○○○○○○○○○○○○○○
○○○○○○○○○○○○○○○○○○○○
○○○○○○○○○○○○○○○○○○○○
○○○○○○○○○○○○○○○○○○○○
○○○○○○○○○○○○○○○○○○○○
○○○○○○○○○○○○○○○○○○○○
○○○○○○○○○○○○○○○○○○○○
○○○○○○○○○○○○○○○○○○○○
○○○○○○○○○○○○○○○○○○○○
○○○○○○○○○○

○ =一个太阳质量

量子纠缠

为了推翻量子理论，爱因斯坦在 1935 年做出了他对物理学的最后一次重大贡献。爱因斯坦在与鲍里斯·波多斯基（Boris Podolsky）和内森·罗森合作的论文中指出，量子理论认为不管两个粒子相距多远，一旦它们处于纠缠状态就会持续相互影响，这显然与相对论的光速极限相矛盾。该论文得出的结论是，要么量子物理学是错误的，要么有必要抛弃"局域现实"的概念，即物体仅受其即时的周围环境的直接影响。这被称为"爱因斯坦–波多斯基–罗森（EPR）佯谬"。这一研究原本是对量子物理学的致命打击，但在实践中，人们已经发现量子纠缠的存在，从而证明了爱因斯坦的错误。

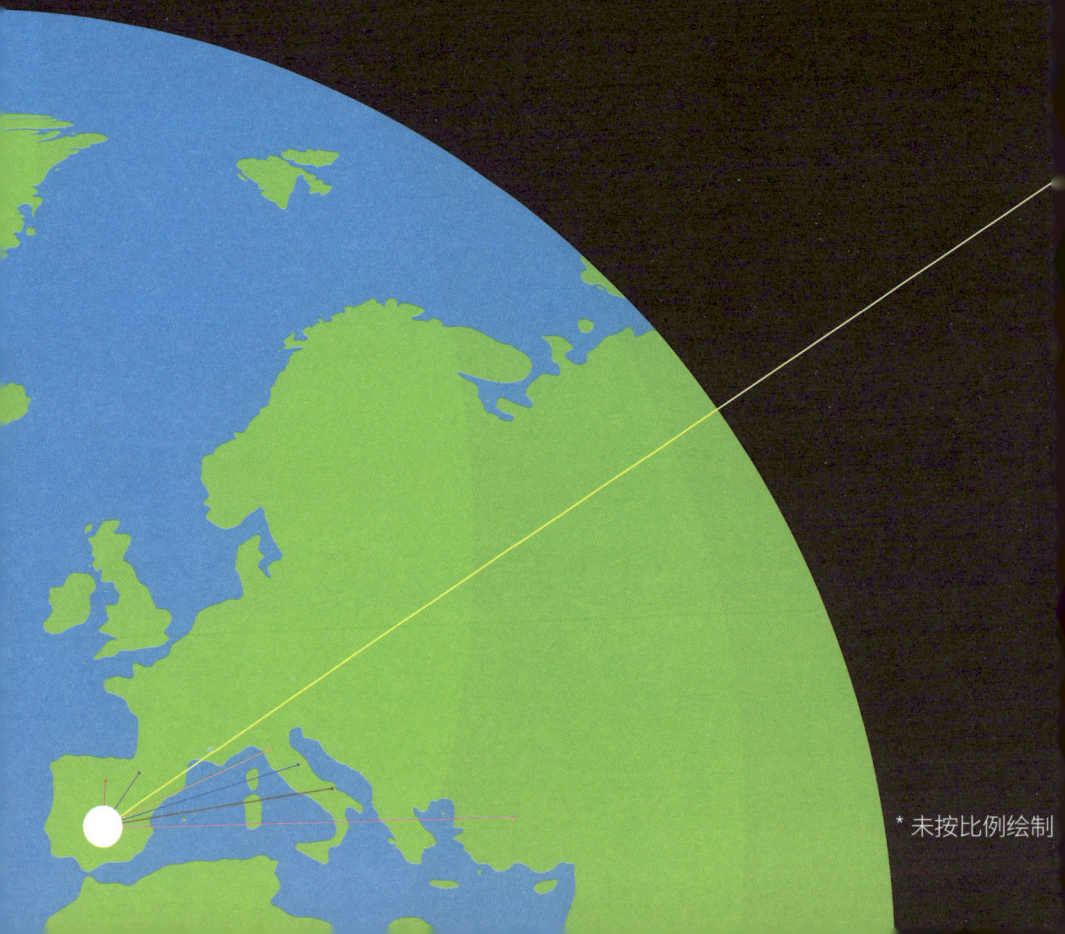

* 未按比例绘制

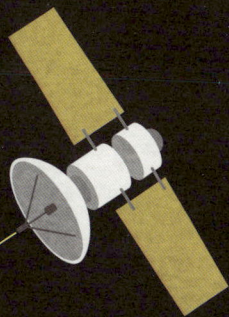

可探测的量子纠缠距离越来越远

量子纠缠是指当两个粒子连接在一起，就像是同一物体的两个部分，并且在一定距离内保持连接。这样，对其中一个粒子执行任何操作也会对另一个粒子产生影响。量子纠缠的第一个观测实例发生在 1972 年，从那时起，科学家们在越来越远的粒子间距下实验，验证了纠缠效应。这项测试的意义在于，量子纠缠可以产生无法破译的密钥，且对于量子计算机的正常运行至关重要。

- **3.2 英尺（1 米）**
  斯图尔特·弗里德曼（Stuart Freedman）和约翰·克劳泽（John Clauser），加利福尼亚州伯克利（1972）

- **1968 英尺（600 米）**
  安东·塞林格（Anton Zeilinger），奥地利维也纳（2003）

- **8 英里（13 千米）**
  潘建伟，中国合肥（2004）

- **9.4 英里（15 千米）**
  安东·塞林格，奥地利维也纳（2004）

- **9.9 英里（16 千米）**
  潘建伟，中国长城（2009）

- **89 英里（143 千米）**
  安东·塞林格，加纳利群岛：拉帕尔玛至特内里费（2012）

- **870 英里（1400 千米）**
  潘建伟，地球到卫星再回到地球（2017）

5 关于爱因斯坦的工作，你不知道的五件事

1 尽管人们会永远将相对论与爱因斯坦联系在一起，但首先提出相对论的其实是伽利略。爱因斯坦的狭义相对论和广义相对论以此为基础，增加了时空关系（狭义相对论）以及物质与时空之间的关系（广义相对论）。

2 1921 年，诺贝尔物理学委员会决定，当年所有提名均未达到获奖标准，于是宣布推迟一年评奖。因此，爱因斯坦实际是在 1922 年获得的 1921 年的诺贝尔奖。

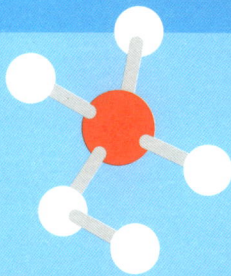

3 当爱因斯坦提交关于分子大小研究的论文时，他被告知论文过于简短。于是爱因斯坦增加了一个句子后重新提交，论文被接受。

4 1926 年，爱因斯坦与物理学家利奥·西拉德（Leo Szilard）取得了一种新型冰箱的专利，该冰箱不会泄漏有毒的冷却剂（这种冷却剂对于早期冰箱来说非常危险）。

5 当人们在 2015 年探测到引力波时，新闻头条都称"爱因斯坦是对的"，但实际上"爱因斯坦是错的"。尽管他于 1916 年率先预测出引力波，但后来他又否认了人类能对其进行探测。

爱因斯坦是对的！

04

遗产

"我在漫长的一生中明白了一件事情：与现实相比，我们全部的科学都是原始和幼稚的，然而那却是我们所拥有的最宝贵的东西。"

——阿尔伯特·爱因斯坦
《阿尔伯特·爱因斯坦：创造者与叛逆者》
(*Albert Einstein：Creator and Rebel*)，1972 年

荣誉墙

在诺贝尔奖面前，也许其他荣誉都暗淡无光。但不可否认，《广义相对论》一经发表，爱因斯坦便声名远扬，无数赞誉纷至沓来。

除了奖牌和奖杯，爱因斯坦在 50 岁生日时甚至收到了柏林市赠予的位于哈维尔河附近的一栋房子，后来又受邀出任以色列第二任总统，但他拒绝了。

1913
普鲁士科学院院士

1920
巴纳德奖章

1923
科学功勋勋章

1926
皇家天文协会金质奖章，伦敦

1929
普朗克奖章（德国物理学会）

1931
皮埃尔·让森奖（法国天文学会）

1925
科普利奖章（皇家学会）

1921

诺贝尔物理学奖
（1922 年颁奖）

1921

皇家协会外
籍会员

1923

社会奖章
（荷兰科学学会）

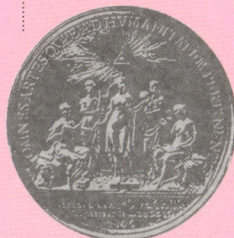

1921

马泰奇勋章
（意大利物理学会）

1935

富兰克林奖章
（宾夕法尼亚州富
兰克林研究所）

1955

以其名字命名的化学
元素"锿"

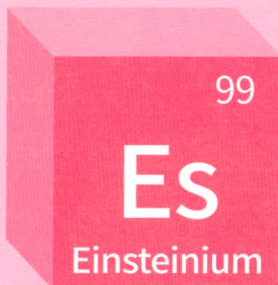

1999

被《时代周刊》评选为
"世纪伟人"

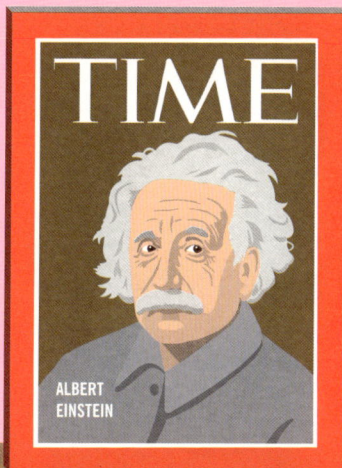

99

Es

Einsteinium

TIME

ALBERT
EINSTEIN

科学界的 "家庭树"

对于爱因斯坦这样的天才，我们很容易把他看作孤立的个体——但是任何科学家，无论他多么伟大，其成就都是建立在他人的研究之上的。牛顿给哲学家罗伯特·胡克（Robert Hooke）的一封著名的信中写道："如果说我看得更远，那是因为我站在巨人的肩膀上。"——尽管有证据表明，在两人分道扬镳之后，他对身材矮小的胡克冷嘲热讽。但是这种观点在各个时代都是正确的。爱因斯坦并不擅长称赞他人，但毫无疑问，许多人影响了他，而他也影响了许多科学家。

艾萨克·牛顿
Isaac Newton
（1642—1727）

迈克尔·法拉第
Michael Faraday
（1791—1867）

马克斯·普朗克
Max Planck
（1858—1947）

马塞尔·格罗斯曼
Marcel Grossmann
（1878—1936）

伯恩哈德·里曼
Bernhard Riemann
（1826—1866）

尼尔斯·玻尔
Niels Bohr
（1885—1962）

保罗·狄拉克
Paul Dirac
（1902—1984）

维尔纳·海森堡
Werner Heisenberg
（1901—1976）

埃尔温·薛定谔
Erwin Schrödinger
（1887—1961）

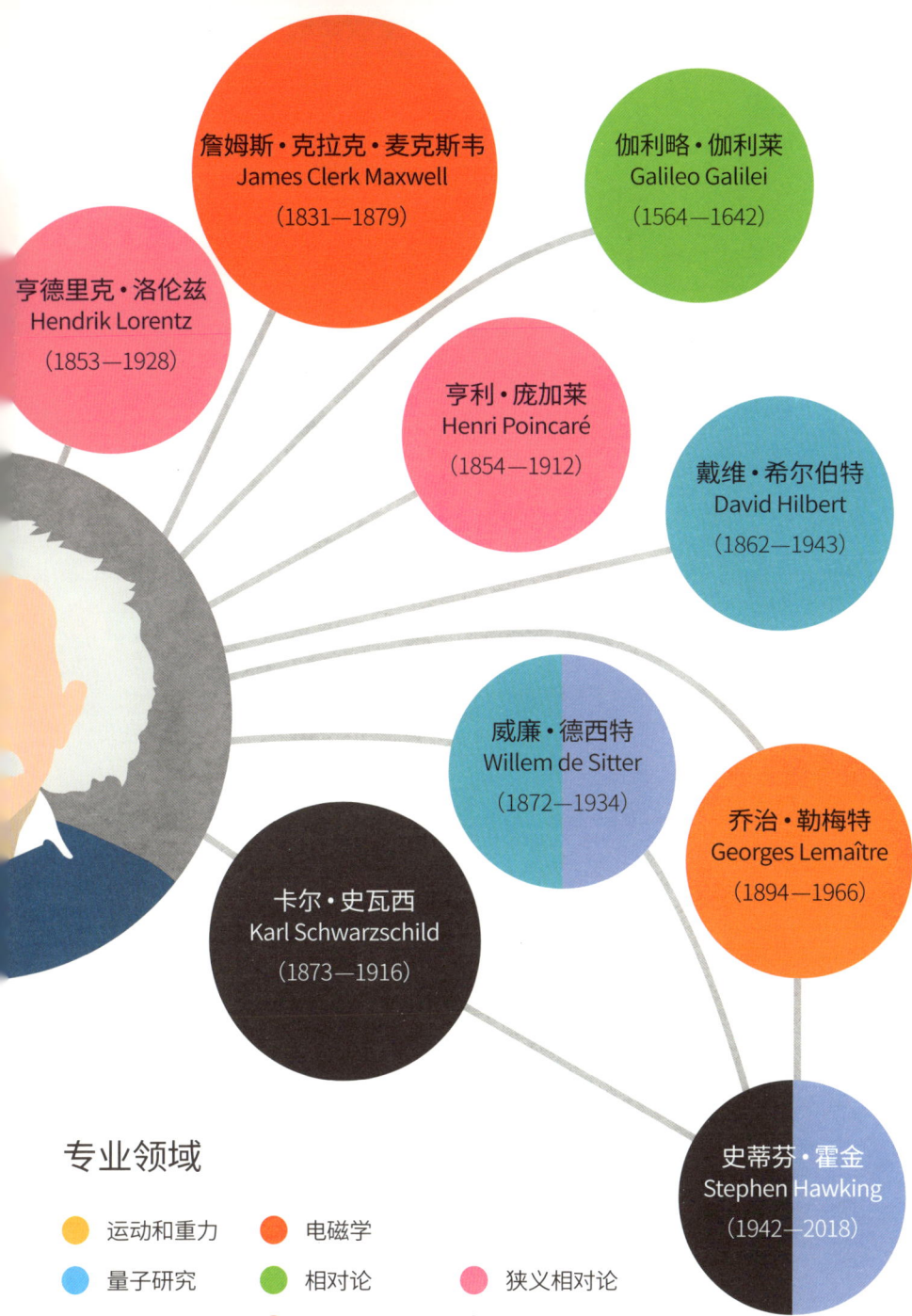

詹姆斯·克拉克·麦克斯韦
James Clerk Maxwell
（1831—1879）

伽利略·伽利莱
Galileo Galilei
（1564—1642）

亨德里克·洛伦兹
Hendrik Lorentz
（1853—1928）

亨利·庞加莱
Henri Poincaré
（1854—1912）

戴维·希尔伯特
David Hilbert
（1862—1943）

威廉·德西特
Willem de Sitter
（1872—1934）

乔治·勒梅特
Georges Lemaître
（1894—1966）

卡尔·史瓦西
Karl Schwarzschild
（1873—1916）

史蒂芬·霍金
Stephen Hawking
（1942—2018）

专业领域

- 运动和重力
- 电磁学
- 量子研究
- 相对论
- 狭义相对论
- 广义相对论
- 膨胀宇宙学
- 黑洞研究
- 宇宙学
- 量子物理学
- 弯曲空间几何

GPS 与相对论

人们很容易把狭义相对论和广义相对论看作没有实际应用价值的抽象科学，但其实很多情况都绕不开这两大理论，其中用于卫星导航的 GPS 更为明显。实际上，每个 GPS 卫星都是一个非常精准的时钟，不断地调校时间。但狭义相对论意味着，移动的时钟时间比地球表面慢；而广义相对论则显示较低的引力使其运行得更快。如果不进行综合校正，卫星导航的位置每天将漂移数英里。

+45 微秒

广义相对论影响结果
在 24 小时内，与地球上的 GPS 时钟相比，轨道上的 GPS 时钟快 45 微妙。

-7 微秒

狭义相对论影响结果
在 24 小时内，与地球上的 GPS 时钟相比，轨道上的 GPS 时钟慢 7 微妙。

5 度量——准确性级别

高度

12 550

英里

（约 20 197 千米）

周转速度

8 637

每小时英里数

（约 13 900 千米 / 时）

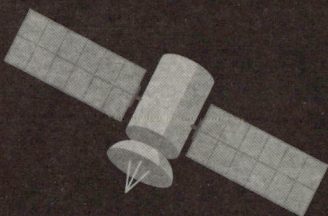

GPS
如何运作？

24

环绕地球运行
卫星的最低数量

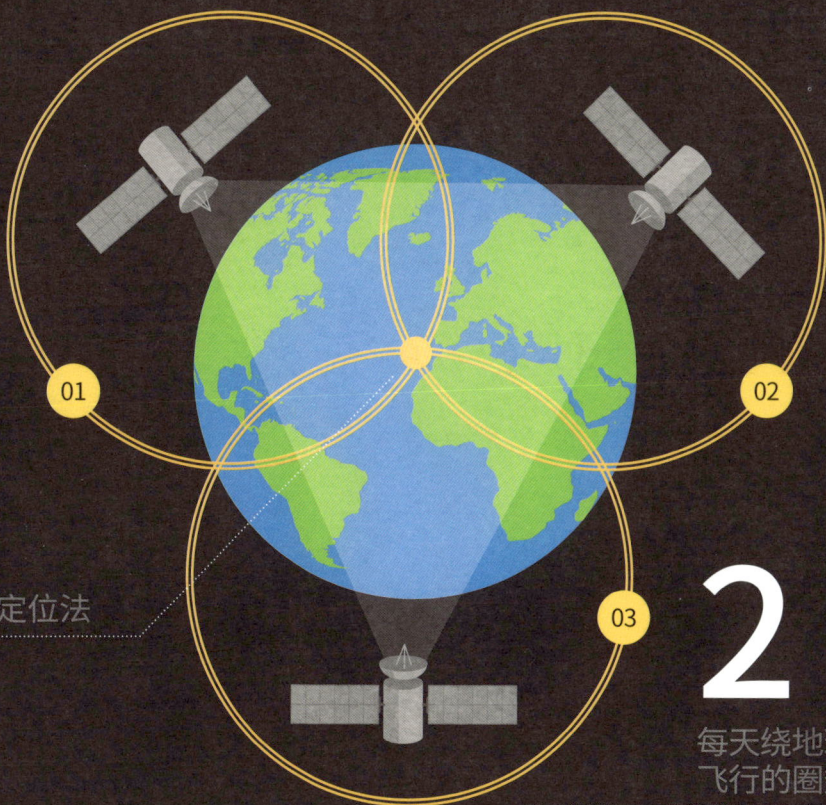

三角定位法

01

02

03

2

每天绕地球
飞行的圈数

勉强上位的量子理论

量子理论看似复杂，但它具有很高的实际应用价值，并且几乎可以肯定，在您阅读本文时，几英尺之内就会有依赖量子物理学的技术。据估计，发达国家国内生产总值的35％归功于以量子物理学为基础的产品和服务。尽管爱因斯坦因为不喜欢使用概率理论而耗时多年来反对量子理论，但我们不应忘记，他也帮助奠定了这一领域的基础。

年度互联网流量
1041 艾字节

20 亿台电脑

16 亿
家庭装有电视

每年有
1000 亿
条音乐数据流

爱因斯坦传

50 亿手机用户

1 每年拍摄
万亿张数码照片

4 存储
万亿张数码照片

200 亿
台联网设备

截至 2027 年，改用
LED 灯预计每年可
节省
300 亿美元

激光销售年收入达
110 亿美元

集成电路销售年收入达
3400 亿美元

爱因斯坦的关键词

似乎很奇怪，这一大组词汇里，最突出的（爱因斯坦的名字除外）竟然是"光"。"光"的确是狭义相对论发展的核心，"光"是光电效应的基础，而光电效应也为他赢得了诺贝尔奖，并被用来检测广义相对论的扭曲效应。毫不奇怪，"理论""物理学""相对论""引力"和"能量"这些词也非常重要。而另一个关键概念"时间"的出现，则是受到狭义相对论和广义相对论的影响。

智力

光电效应

航空

曼哈顿计划

黑洞理论

玻色-爱因斯坦凝聚态

引力波分裂

太阳

小定扩厂

运动

紫外线

长崎

乌尔姆

冰箱

原子弹

爱因

1905 年

量子

普林斯顿

电磁统一场论

宇宙

智商

广岛

狭义相对论

诺贝尔奖

创新

相对论

以色列

著名主义者

广义相对论

宗教 和平主义者

宇宙学

日蚀 重力

公式

中子灯

电子顺磁共振悖论

电力 伽利略

斯坦

智能宇宙 数学家 核

物理 第二次世界大战 上天

出生证明 专利局

无线电波 理论物理学

不可知论者 布朗运动

$E=mc^2$

最大的错误 美国公民

遗产

10 件以"爱因斯坦"命名之物

阿尔伯特·爱因斯坦大街

法国巴黎

阿尔伯特·爱因斯坦医学院

美国纽约

阿尔伯特·爱因斯坦天文馆

美国华盛顿特区

大同·爱因斯坦

八位制计算机

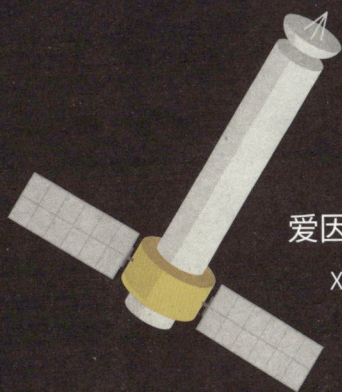

爱因斯坦天文台
X 射线望远镜

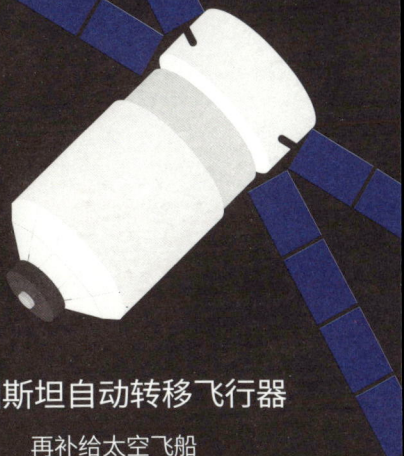

爱因斯坦自动转移飞行器
再补给太空飞船

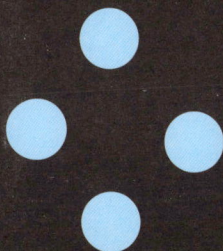

爱因斯坦十字
类天体,引力透镜效应作用下在天空形成的图像

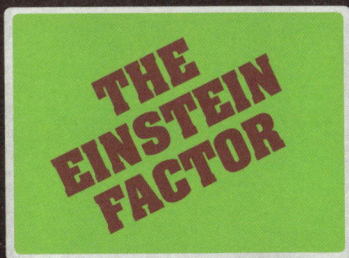

THE EINSTEIN FACTOR

《爱因斯坦因子》
澳大利亚电视知识竞赛节目

爱因斯坦滴水嘴雕塑
美国俄勒冈大学

《沙滩上的爱因斯坦》
菲利普·格拉斯主演的戏剧

小传

马塞尔·格罗斯曼
(1878—1936)

格罗斯曼从大学时代起就是爱因斯坦一生的挚友，在涉及广义相对论所需的复杂数学时，为爱因斯坦提供了必不可少的帮助。

内森·罗森
(1909—1995)

罗森是爱因斯坦高级研究所的助手，为爱因斯坦研究的许多后期工作做出贡献，包括 EPR 论文和虫洞的概念。

海伦·杜卡斯
(1896—1982)

杜卡斯生于德国，于 1928 年成为爱因斯坦的秘书，并陪同他前往普林斯顿。艾尔莎去世后，她还负责爱因斯坦的管家事物。

米列娃·玛丽克
(1875—1948)

年轻时期，同是研究物理学的米列娃与爱因斯坦琴瑟和鸣，但由于爱因斯坦频频出行，他们之间的关系也逐渐恶化，终以离婚收场。

赫尔曼·爱因斯坦
(1847—1902)

爱因斯坦的父亲在读书时就喜欢数学，而他的生意却很少取得成功。但是，他与妻子保玲一起为爱因斯坦提供了安稳的成长环境。

马克斯·玻恩
(1882—1970)

玻恩既是德国物理学家，也是爱因斯坦家族的好友，他发展了爱因斯坦量子物理学概率方面的知识。

汉斯·阿尔伯特·爱因斯坦
（1904—1973）

像他的父母一样，汉斯·阿尔伯特在 ETH 学习，后来成为一名工程师。1938 年，他移居美国，成为教授。

艾尔莎·爱因斯坦
（1876—1936）

与米列克性格完全不同，艾尔莎是位富有爱心的妻子。她既是爱因斯坦的大表姐，又是他的二堂姐（她的娘家姓是爱因斯坦）。

马克斯·普朗克
（1858—1947）

普朗克是德国著名的物理学家，在爱因斯坦推动的量子革命中，他迈出了第一步。普朗克为爱因斯坦进入德国学术界提供了支持。

马克斯·塔木德
（1869—1941）

塔木德也叫塔梅（Talmey），是一名波兰医学学生，在爱因斯坦 10 岁时就与他成为朋友。

尼尔斯·玻尔
（1885—1962）

丹麦量子物理学的领军人物。两人性格迥异，玻尔既是爱因斯坦的朋友，又是爱因斯坦在量子理论方面的攻击对象。

玛雅·爱因斯坦
（1881—1951）

爱因斯坦唯一的妹妹，是他成长过程中的亲密伙伴。1939 年，她跟随爱因斯坦移居普林斯顿。

- 朋友
- 妻子
- 同事
- 家人

广义相对论
(1915)

狭义相对论
(1905)

光电效应
(1905)

$E=mc^2$
(质能方程式)
(1905)

$E=hf$
(普朗克–爱因斯坦关系式)
(1905)

布朗运动
(1915)

爱因斯坦场方程
(1915)

玻色–爱因斯坦统计
(1924—1925)

玻色–爱因斯坦凝聚态
(1924—1925)

引力波
(1916)

宇宙常数
(1917)

统一场理论
(1920—1955)

EPR 佯谬
(1935)

系综诠释
(1936)

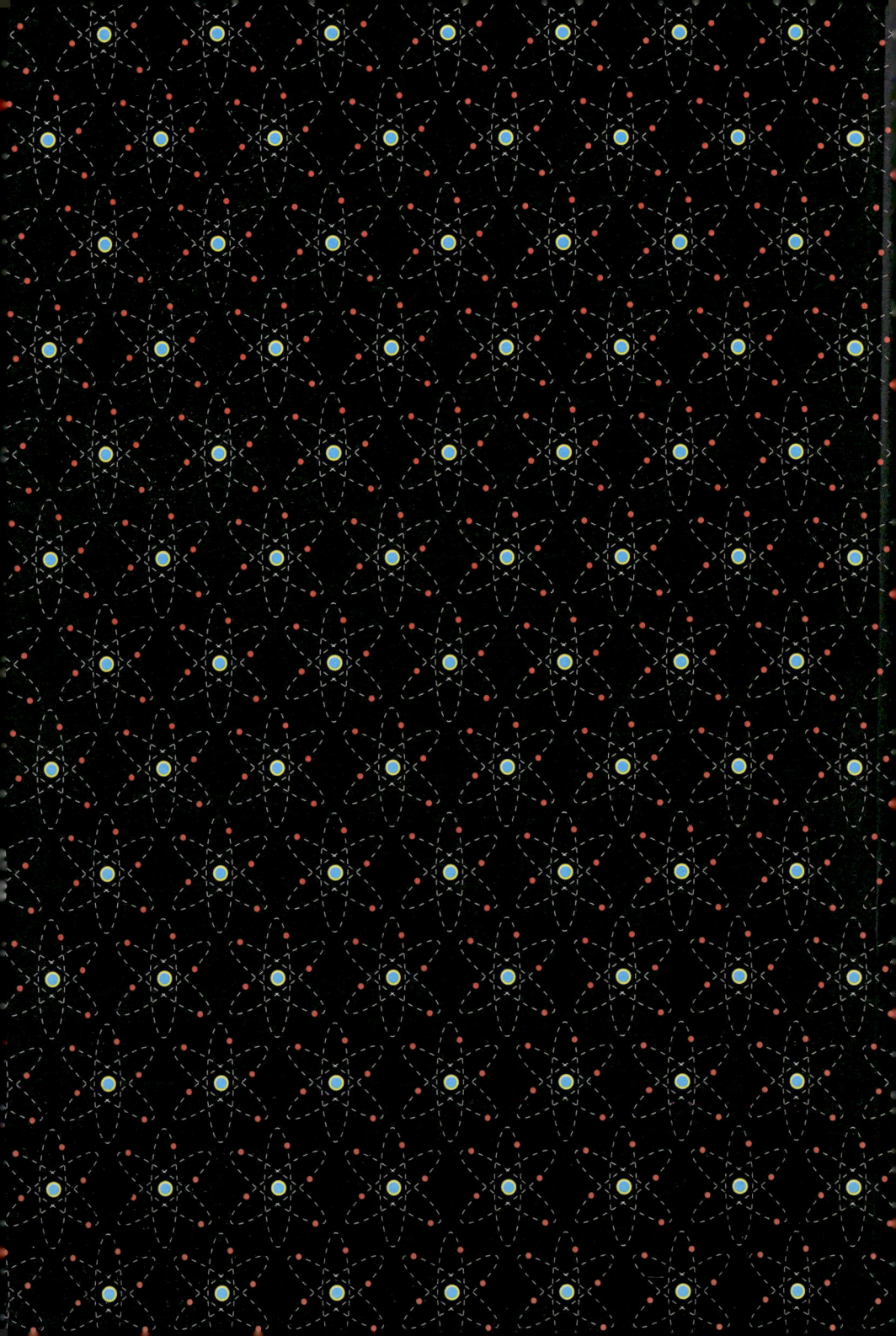